기술적 복제시대의 예술작품

기술적 복제시대의 예술작품

*Das Kunstwerk im Zeitalter seiner
technischen Reproduzierbarkeit*

발터 벤야민 지음

심철민 옮김

도서출판 b

| 일러두기 |

1. 이 책은 발터 벤야민의 다음 논저를 완역한 것이다. Walter Benjamin, *Das Kunstwerk im Zeitalter seiner technischen Reproduzierbarkeit*, 1939 (=3판).
2. 번역의 저본으로는 벤야민의 『전집』*Gesammelte Schriften* Bd. I-2, 471-508쪽을 사용하였다.
3. 벤야민이 직접 붙인 각주에는 [원주]라는 표기를 해두었고, 특별한 표기가 없는 것은 모두 옮긴이가 붙인 각주이다.
4. 본문 내의 [ ] 속 문구는 옮긴이가 가독성이나 내용 이해를 돕기 위해 보충한 것이다. 그러한 원칙에서 차례의 각 절 제목 또한 옮긴이가 첨가한 것이다.

| 차 례 |

머리말....9
1절 [기술적 복제가능성]....13
2절 [진본성]....19
3절 [아우라의 붕괴]....26
4절 [제의와 정치]....32
5절 [제의적 가치와 전시적 가치]....38
6절 [사진]....44
7절 [예술로서의 사진과 영화]....46
8절 [영화와 테스트 성과]....52
9절 [영화배우]....53
10절 [영화와 신문 등에서 대중의 등장]....61
11절 [화가와 촬영기사]....68
12절 [회화 감상과 영화 관객]....73
13절 [영화와 지각공간의 심화]....76
14절 [다다이즘과 영화]....82
15절 [대중, 정신 분산, 영화]....90
추기....96

|부록| 판별 내용대조....105
옮긴이 후기....147
찾아보기....151

예술의 기초가 마련되고 그 다양한 유형들이 확립된 것은 현대와는 확연히 구별되는 시대, 사물이나 환경을 지배하는 인간의 힘이 현대에 비해 극히 미약했던 시대로까지 거슬러 올라간다. 그러나 현대의 예술수단은 그 적응능력이나 정교함이라는 면에서 놀랄 만한 성장을 이루어냈으며, 이는 가까운 장래에 미를 낳는 전통적 산업생산이 지극히 급격하게 변화할 것임을 우리에게 약속하고 있다. 모든 예술들에는 물질적인 부분이 있다. 그것은 이미 이전과 같은 예술관이나 예술품의 취급방식을 불가능하게 하는 한편, 근대과학이나 현대적 실천으로부터 영향을 받지 않을 수도 없다. 최근 20년 이래, 소재도 공간도 시간도 모두 과거에 존재했던 것과는 완전히 달라지고 있다. 우리는 이러한 커다란 변혁이 예술의 기술 전체를 변화시키고 또한 그럼으로써 예술의 수법 자체에도 영향을 미치며, 마침내는 어쩌면 예술이라는 개념 자체를 지극히 마법적인 방법으로 바꿔버리게 될 것임에 대비해야 한다.

폴 발레리, 『예술론집Pièces sur l'art』에 수록된
「편재성의 획득La conquête de l'ubiquité」에서

머리말

맑스[1]가 자본주의적 생산양식의 분석에 착수했을 때, 이 생산양식은 초기 단계에 있었다. 맑스는 자신의 연구가 예측적 가치를 갖도록 구성했다. 자본주의적 생산의 기본적 관계들로 거슬러 올라간 다음, 이 관계들로부터의 귀결로서 과연 자본주의가 그 후 어떠한 특성을 띠고 나아가게 될지를 서술한 것이다. 거기서 귀결된 바는, 자본주의가 프롤레타리아의 착취를 점차 강화해갈 우려가 있다는 점만이 아니라, 결국에는 자본주의 자체의 폐지를 가능하게 하는 조건들도 또한

· ·
1. 칼 맑스Karl Marx, 1818-1883는 독일의 철학자이자 사회학자, 경제학자, 사회혁명가이다. 경제구조와 정치, 사회에 대한 분석을 통해 자본주의와 노동자운동의 지도적인 이론가가 되었다. 특히 그의 주저 『자본론Das Kapital』은 착취와 공황 등에 기인한 자본주의적 경제구조를 과학적으로 분석하고 있다. 벤야민은 1924년부터 맑스주의에 관심을 갖기 시작했다. 이에 대한 자극을 주었던 것은 아샤 라시스Asja Lacis, 에른스트 블로흐, 그리고 루카치의 저서 『역사와 계급의식』이다. 1935년 이후에 쓰인 『파사쥬Passagen-Werk』[국역서로는 『아케이드 프로젝트』라는 제목으로 출간됨]의 여러 발췌 글들 또한 벤야민이 맑스의 저작들에 천착했음을 뒷받침한다.

만들어낸다는 점이었다.

상부구조의 변혁은 하부구조의 변혁보다 훨씬 더디게 진행되어가기 때문에,[2] 생산조건들의 변화가 문화의 모든 분야에 영향을 미치기까지에는 반세기 이상의 시간이 요구되었다. 이 과정이 어떠한 형태로 일어났는가는 오늘날에 와서야 평가될 수 있다. 그리고 이 평가에 예측적인 요구들을 결부시키는 것도 어느 정도는 가능하다. 그러나 이러한 예측적인 요구들에 부응하는 것은 권력쟁취 후의 프롤레타리아트의 예술, 나아가 계급 없는 사회의 예술에 관한 몇몇 테제들이 아니라 오히려 현재의 생산조건들 하에서의 예술의 발전경향에 관한 테제들이다. 현재의 생산조건들이 내포하는 변증법은 경제에

━━━━━
2. '하부구조'(또는 '토대')는 경제적 생산양식을 의미하고, '상부구조'는 정치, 교육, 문화, 예술, 법률 등을 의미한다. 맑스는 이처럼 사회구조를 경제적 '하부구조'와 비경제적(정치, 문화, 종교 등) '상부구조'로 구분하고, 하부구조의 형태가 상부구조를 조건 짓거나 결정한다고 주장하였다.『정치경제학 비판을 위하여』(1859)의 서문에서 맑스는 다음과 같이 말한다. "물질적 생활의 생산양식이 사회적, 정치적, 정신적 생활과정 일반을 조건 짓는다." 그러나 이러한 이해방식, 즉 '토대에 의한 상부구조 결정론'은 루카치의『역사와 계급의식』(1923)의 출간과 1920년대 맑스 초기저작들의 재발견에 의해 다시금 논쟁의 대상이 되었다. 왜냐하면 이곳들에서는 토대에 대한 상부구조의 반反작용 또한 강조되고 있기 때문이다.

서 못지않게 상부구조에서도 눈에 띄게 전개된다. 그러므로 후자의 테제들이 지닌 투쟁적 가치를 과소평가하는 것은 그릇된 일일 것이다.[3] 이 테제들은 전승된 많은 개념들을——창조성, 천재성, 영원한 가치, 신비 등의 개념을[4]——불식시켜버리고 있다. 이런 부류의 개념들은 만약 제어되지 않고 적용된다면 (그리고 현재로서는 이것들을 제어하면서 적용하는 것은 어렵다), 현실의 소재를 파시스트적 취향으로[5] 가공하게 된다.

..
3. 변증법이라 함은 한 사물에 내포되어 있는 모순이 점차 현재화하여 그 사물을 전혀 다른 것으로 변용시키는 운동을 말한다. 종래의 맑스주의 주류파는 생산조건들을 변용시키는 변증법적 운동이 단연 하부구조에서 일어난다고 보았지만, 벤야민은 이 운동이 상부구조에서도 일어난다고 본다. 이 때문에 그는 현재의 생산조건들 하에서의 예술의 발전경향에 관한 테제들이 지닌 투쟁적 가치를 과소평가해서는 안 된다고 말한다.
4. "창조성, 천재성, 영원한 가치, 신비 등의 개념"은 르네상스 이후 미학의 중심 개념을 이루는 것들로서, 벤야민은 이 개념들을 배척하는 것이 아니라 오히려 이 개념들이 오늘날 그 이데올로기적 사용에 맞서 보호될 수 없음을 밝히고 있다.
5. 파시즘Faschismus이라는 용어는 1919년 이탈리아 독재자 무솔리니가 처음 사용한 말로서, 이후 스페인의 프랑코와 독일 히틀러의 독재적이고 반민주적인 체제 흐름으로 옮겨졌다. 독일의 국가사회주의Nationalsozialismus, 즉 나치즘Nazismus이 이탈리아나 스페인의 파시즘과 구별되는 측면은 특히 그 극단적인 반反유태주의 및 공격적인 외교정책이다.

아래의 논술에서 예술이론에 새로이 도입되는 개념들은 파시즘의 목적을 위해서는 전혀 도움이 안 된다는 점에서 저 종래의 개념들과는 구별된다. 여기에 도입되는 개념들은 예술정책Kunstpolitik에서의 혁명적인 요청들을 정식화하는 데 도움이 된다.

1

예술작품은 원칙적으로는 항상 복제 가능했다. 인간이 제작한 것은 끊임없이 다른 인간에 의해 모방될 수 있었다. 이러한 모작模作 행위를 문하생들은 기예를 숙련시키기 위해, 명장들은 작품을 유포시키기 위해, 또한 상인들은 그것으로 이익을 얻기 위해 수행해왔다. 이러한 유형의 모작 행위에 비하면, 예술작품의 기술적 복제는 무언가 새로운 것이다. 이것은 역사 속에서 간헐적으로, 그것도 오랜 간격을 두고서, 그러나 점차 강력히 이루어지고 있다. 고대 그리스인이 알고 있었던 예술작품의 기술적 복제의 방법은 두 가지뿐이었다. 그것은 주조鑄造와 각인刻印[6]이다. 그리스인들에 의해 대량생산될 수 있었던 예술작품은 브론즈상像, 테라코타,[7] 동전주화가 전부

・・
6. 주조鑄造는 금속 특히 청동을 고열로 가열하여 액화시킨 다음 이를 주형틀에 부어넣어 굳히는 기술적 처리방식을 말한다. 청동주조 기술은 기원전 2400년경부터 아시아와 유럽에 보급되어 있었고, 도구나 무기, 장식품, 조각의 제작에 사용되었다. 한편 각인刻印이란 여기서는 무엇보다도 동전화폐의 주조를 가리키는 것으로, 기원전 700년경부터 시작되었다. 이 기술은 원형 판에 금속을 녹여 이를 압인한 다음 망치로 때려 최종 각인해내는 방식이다.
7. 테라코타Terrakotten는 이탈리아어로 '구운 흙'이라는 뜻으로, 구우면 단단해지는 점토의 성질을 이용하여 만든 여러 형상의 조각이나

이다. 그 외의 것들은 모두 일회적인 것이자, 기술적으로도 복제될 수 없었다. 그 후 목판인쇄[8]의 출현과 더불어 최초로 그래픽[9]이 기술적으로 복제 가능하게 되었다. 인쇄[기술][10]에 의해 문자 또한 복제가능하게 되기까지는 오랜 시간을 필요

• •
   건축 장식용 자재를 말한다. 테라코타가 그 전성기를 맞이한 시기는 고대 그리스인데, 이때의 테라코타 소상小像들은 주로 부장품이나 봉헌물, 가정의 장신구 등으로 사용되었다.
8. 목판인쇄: 도장의 원리와 흡사한 인쇄형태로서, 약 2cm 두께의 판목을 조각칼이나 끌로 형상이 부각되도록 파내는 방식이다. 이 기술은 오리엔트에서 시작되어 14세기 중세기에 유럽으로 전파되었고, 또한 종이가 대량생산된 시기에 널리 확산되었다. 목판 하나로는 수백 장의 인쇄가 가능했으며, 또한 이 기술은 무엇보다 (전단이나 카드 등의 제작을 위한) 일면一面인쇄의 성립에 기여했다.
9. 그래픽Graphik: 원래는 회화·글씨·판화·인쇄 등의 형태로 종이나 캔버스 위에 표현되는 시각적 이미지를 통칭하는 개념이지만, 여기에서는 좁은 의미로 판화版畵, 즉 판면에 새긴 이미지를 종이 위에 반전反轉 인쇄한 그림을 가리킨다.
10. 인쇄[기술]Druck: 1440년경 이후 독일 마인츠와 프랑스의 스트라스부르에서 요하네스 구텐베르크Johannes Gutenberg, 1400-1468가 주조 활자에 의한 활판 인쇄에 성공하였다. 1450년경 인쇄공장을 만들어 천문력과 면죄부 등을 인쇄하였고, 2-3년 후에는 최초로 성서를 인쇄하게 되었다. 그 후 인쇄술은 유럽 전역으로 보급되어, 구텐베르크 이전에는 두 달 만에 책이 1권 필사되었던 데 비해, 1450년부터 1500년까지 반세기 동안에는 유럽 각국에서 2천만 권에 달하는 인쇄본이 간행되었다.

로 했다. 이 인쇄에 의한 문자의 기술적 복제가능성이 문학[11]에 얼마나 엄청난 변화를 불러일으켰는가는 잘 알려져 있다. 하지만 세계사적인 척도 하에서 보자면, 그러한 변화는 확실히 중요한 현상이었지만 단지 하나의 특수 사례에 지나지 않는다. 중세기 사이에는 목판에 동판銅版[12]과 부식동판[13]이, 19세기 초에는 석판[14]이 가세한다.

석판인쇄와 더불어 복제기술은 근본적으로 새로운 단계에 도달한다. 그려낸 것을 석판 위에 전사轉寫시키는 작업은

· ·
11. 여기서의 '문학Literatur'이란 좁은 의미의 문학만이 아니라 인쇄의 형태로 발표되는 문필과 저작 영역 전체를 가리킨다.
12. 동판[화]Kupferstich: 1420년경에 성립된 오목판凹版 인쇄기법. 동판銅板 위에 강철제의 조각도로 그림의 윤곽선을 판 다음, 그 움푹한 선에 인쇄용의 검정 잉크를 채워 찍어내는 방법이다. 목판화가 철판凸版 인쇄에 바탕을 두고 있는데 반해, 동판화는 요판凹版 인쇄이다. 따라서 새겨 넣는 선의 폭과 깊이에 차이를 둘 수가 있는데, 이렇게 함으로써 색이나 광택의 변화를 얻을 수 있다는 장점이 있다. 동판화는 16세기 초 이후 회화복제품의 확산에도 기여했다.
13. 부식동판[화]Radierung: 동판화의 제판기법의 한 부류이지만, 동판화의 경우처럼 판면에 직접 힘을 주어 새기는 조각법이 아니라 산酸의 부식작용이라는 화학적 변화를 이용하여 오목각凹刻을 생성하는 기법 및 인쇄이다.
14. 석판화石版畵는 보다 정확하게는 1793년 독일인 제네펠더Alois Senefelder가 발명하여 석판인쇄법으로 발전하였다.

나무판 위에 새기거나 동판을 부식시키는 것보다 훨씬 간편한 방법이기 때문에[15], 이 작업에 의해 비로소 그래픽은 그 생산물을 대량으로 시장에 내놓는 것뿐만 아니라(이는 이전에도 그러했다), 그것을 날마다 새로운 형태로 시장에 제공할 수 있게 되었다. 이들 다양한 시각적 이미지는 석판화에 힘입어 일상의 사건을 회화화繪畵化하는 능력을 갖게 되었고, 활판인쇄와 보조를 맞추기 시작했다. 하지만 시각적 이미지[의 이 같은 복제기술]은 그렇게 시작된 지 오래지 않아, 즉 석판인쇄가 발명된 지 수십 년도 지나지 않아 사진[16]에 의해 추월되었다.

∴
15. 종래의 철판凸版 및 요판凹版 인쇄방법과는 달리, 석판화는 평판平版 인쇄방법을 쓴다는 점에서 획기적이다. 즉 평평한 석판석의 면에 물과 기름의 반발성을 이용하여 인쇄잉크가 묻는 부분과 이것을 받아들이지 않는 부분을 만들어 인쇄하는 방법이다. 여기에는 재료에 직접 그리는 직접 제판법과 한번 다른 물질에 그리고 나서 석판재石版材 위에 전사轉寫하는 전사 제판법이 있다. 따라서 종래의 목판화나 동판화처럼 재료 자체를 깎아 내거나 부식시키는 등 가공할 필요가 전혀 없이 비교적 손쉽고 간단한 방법으로 복제하는 길이 열리게 되었다. 19세기에 들어와 화가들은 이 석판을 써서 회화를 인쇄하였는데 들라크르와, 도미에, 툴루즈-로트렉, 드가 등이 석판을 많이 사용하였다. 20세기가 되면서 석판화는 인쇄술의 진보와 함께 많은 작가들에 의해 표현 기법상의 여러 가능성들을 추구하는 데 사용되었다. 특히 마티스, 보나르, 루오, 레제, 브라크 등이 다색 인쇄의 석판화에 의한 뛰어난 작품들을 많이 제작하였다.

사진은 이미지를 복제하는 과정에서 사상 최초로 예술가가 수행하는 가장 중요한 역할[책무]들 중 다름 아닌 손을 해방시켰다. 그리고 이제 그 역할들은 오로지 대물렌즈를 통해서 바라보는 눈에 맡겨지게 되었다. 눈은 손이 그리는 것보다 더 신속히 사물을 파악하므로, 이미지를 복제하는 과정은 현저하게 빨라져서 말하는 것과 보조를 맞추는 게 가능해졌다. 촬영장에서 영화 촬영기사는 배우가 말하는 것과 동일한 속도로 영상을 담아낸다. 석판인쇄술 속에는 화보신문[17]의 가능성

..
16. 사진Photographie: '포토그라피'라는 용어는 그리스어 '빛'이라는 뜻의 phos[포스]와 '써내는 것[작용]'인 graphos[그라포스]에서 유래한 것으로, 1839년 영어와 독일어로 처음 사용되기 시작했다. 이렇듯 사진이란 가시광선, 자외선, 적외선 등 여러 광선의 작용에 의해서 감광층(필름) 위에 상像을 맺게 하고 또 그 상을 반영구적으로 유지하는 것을 말한다. 그리고 현상과 인화의 원리는 필름에 상이 맺힌 부분과 안 맺힌 부분의 차이를 이용해, 그곳으로 빛을 통과시키면서 인화지에 상을 유착시키는 원리이다. 사진술의 발명은 조셉 니세포르 니엡스Joseph Nicéphore Nièpce, 1765-1833, 루이 자크 망데 다게르Louis Jacques Mandé Daguerre, 1787-1851, 폭스 탈보트Henri Fox Talbot, 1800-1877에 의해 이루어졌다.
17. 화보신문은 17세기 초 유럽에서 처음 등장한다. 1845년부터 화보잡지가 출현하는데, 이는 사진 뉴스 및 대중적 삽화 기고 등에 초점을 둔 것이었다. 삽화가 실린 신문이나 잡지가 전성기를 맞은 것은 세기말로부터 1930년대까지였다.

이 간직되어 있었다면, 사진술에는 유성영화[18]의 가능성이 간직되어 있었던 셈이다. 소리의 기술적 복제는 지난 세기말에 착수되어 있었다.[19] 이들 수많은 집중적인 노력에 의해 명확히 예측이 가능하게 된 하나의 상황을 폴 발레리[20]는 다음과 같은 문장으로 쓰고 있다. "거의 눈에 띄지 않는 손동작 하나만으로도 물이나 가스, 전류가 멀리서부터 우리 집 안으로 공급되고

..
18. 유성영화Tonfilm는 움직이는 화면을 소리와 동기화시키거나 소리와 이미지를 기술적으로 결합시킨 영화로, 무성영화에 대비되는 개념이다. 하지만 사운드는 오늘날과 같이 필름상의 사운드 트랙이 아니라, 영사기 외부에 별도로 영화 장면과 일치되는 소리를 녹음해둔 레코드판을 준비해 놓고 영사 시작에 맞추어 기사가 동시에 바늘을 올려놓는 원시적인 방법으로 재생되는 것이었다. 유성영화로의 활로를 개척한 것은 1927년 개봉된 「재즈 싱어」였다.
19. 1877년 미국의 발명가 토머스 에디슨Thomas Alva Edison이 원통형 축음기를 발명하였고, 이어 독일의 에밀 베를리너Emile Berliner가 원반형의 레코드에 소리의 진동을 새겨나가는 방법을 착안하여 1888년 '그래모폰Gramophone'이라는 축음기를 완성시켰다.
20. 폴 발레리Paul Valéry, 1871-1945는 프랑스의 서정시인이자 문필가, 예술이론가이다. 그의 예술이론 저작의 핵심 주제는 창조과정이다. 벤야민은 1920년 중반 이후부터 발레리의 저작들을 알고 있었고 그에 대한 글들을 여러 차례 쓴 바 있다. ─발레리의 『예술론집 Pièces sur l'art』(1934)은 여러 예술들에 대한 논문들을 모은 것으로, 「편재성의 획득」이라는 이 논문에서는 예술의 기술적 활용, 특히 축음기와 라디오에 의한 음악의 기술적 활용에 대해 쓰고 있다.

있는 것과 마찬가지로, [머지않아] 연속하는 화면이나 선율을 신호와 같은 조작 하나만으로 켜고 끄는 것이 가능하게 될 것이다."²¹ 1900년경에 기술적 복제는 일정한 수준에 도달했다. 즉 이 시기에 이르러 기술적 복제는 전통적인 예술작품들 전체를 자신의 대상으로 삼기 시작했고 또한 이들 작품의 작용방식에 지극히 깊은 변화들을 가져오기 시작했을 뿐만 아니라, 더 나아가 예술의 기법들 사이에서 독자적인 지위를 획득한 것이다. 이 수준을 탐구하는 데 무엇보다 참고가 되는 것은 그 두 가지 서로 다른 발현형태들——예술작품의 복제 그리고 영화예술——이 예술의 전통적 형태에 어떠한 역작용을 미치고 있는가라는 점이다.

2

아무리 정교하게 제작된 복제품의 경우라 하더라도 거기에는 결여되어 있는 것이 하나 있다. 그것은 바로, 예술작품이 갖는 '지금-여기'라는 특성, 즉 예술작품은 그것이 존재해 있는 곳에 유일무이하게einmalig 현존해 있다는 특성이다. 더구나

---

21. [원주 1] 폴 발레리, 『예술논집*Pièces sur l'art*』, 105쪽(「편재성의 획득 La conquête de l'ubiquité」).

다른 무엇이 아닌 바로 이 유일무이한 현존성에 의해 예술작품은 그 역사를 갖는 것이며, 또한 그것이 존속하는 동안 이 역사의 지배하에 있었던 셈이다. 세월이 흐르면서 작품의 물질적 구조가 겪는 변화이든 혹은 경우에 따라 생길 수 있는 작품의 소유관계의 변천이든 이들 변화들은 모두 그 [예술작품의] 역사의 일부이다.[22] 물질적 구조의 변화 흔적을 찾는 데에는 화학적 또는 물리학적 분석에 의존하지 않을 수 없지만, 이러한 분석이 복제에는 적용될 수 없다. 소유관계 변천의 흔적을 찾는 일은 작품이 전래되어온 내력을 대상으로 하게 되는데, 이 내력을 추적하려면 우선 원작Original이 현재 있는 장소로부터 출발할 수밖에 없다.

원작이 갖는 '지금-여기'라는 특성이 그것의 진본성Echtheit 개념을 형성한다. 청동작품에 슬어있는 푸른 녹을 화학적인 방식으로 분석하는 일은 그것의 진본성을 확인하는 데 유익할 수 있다. 또한 중세기의 특정한 필사본이 15세기 기록보관실에서 나왔음을 증명해내는 일은 그 필사본의 진본성을 검증하는 데 도움을 줄 수 있다. 진본성이 관계되는 영역 전체는 [원리적

..
22. [원주 2] 물론 예술작품의 역사에는 보다 많은 사항들이 포함되어 있다. 예를 들면 모나리자의 역사에는 17, 18, 19세기에 제작된 모사품들의 종류나 수가 포함되어 있다.

으로는] 기술적 복제가능성을——물론 기술적 측면만이 아니라 복제가능성 자체를——배제한다.[23] 하지만 진본성은 통상 위조품으로 낙인찍혀온 수공적인 복제에 대해서는 자신의 권위를 완전히 유지하는 데 비해, 기술적 복제에 대해서는 그렇지 않다. 그 이유는 두 가지이다. 첫째로, 기술적 복제는 원작에 대해, 수공적 복제보다 훨씬 높은 자립성을 지니고 있다. 예를 들어 사진에 의한 기술적 복제는 원작의 특정 부분들을 강조할 수 있는데, 이는 인간의 육안에는 잡히지 않지만 렌즈를 조절하거나 렌즈의 위치를 자유로이 선택함으로써 가능하다. 혹은 확대나 고속도 촬영[24] 같은 특수한 기법을 사용하여 보통의 눈으로는

..
23. [원주 3] '진본성'이란 복제될 수 없다는 바로 그 이유로 해서, 특정한——기술적인——복제방법들의 현저한 진출은 [도리어] '진본성'에 차이와 등급을 매기는 계기를 마련해주었다. 그리고 이러한 등급 설정의 확립이야말로 미술품 거래의 중요한 기능의 하나였다. 미술품 거래상은 목판이나 동판 등등에서 찍은 다양한 판본들——가령 원판의 한정판인지 번각판인지의 여부——을 구별해내는 데 각별한 관심을 가지고 있었다. '진본성'이라는 질은 그 뒤늦은 꽃을 피우기도 전에 목판의 발명으로 인해 거꾸로 그 뿌리를 침해당해버렸다고 말할 수 있다. 중세의 성모상은 그것이 완성된 당시는 아직 '진본'이 아니었다. 그것은 그 후 몇 세기를 경과한 가운데 '진본'이 된 것이다. 어쩌면 지난 세기[19세기]가 '진본성'의 최전성기였을 것이다.
24. 고속도 촬영Zeitlupe: 일반적으로 운동하는 물체를 고속도高速度로

결코 잡을 수 없는 영상들을 담아낼 수도 있다. 이것이 첫 번째 이유이다. 이에 덧붙여 기술적 복제는 둘째로, 원작의 모상模像, Abbild을 원작 자체로서는 도달될 수 없는 상황 속으로 옮겨갈 수 있다. 특히 기술적 복제에 의해 원작은 수용자 쪽으로 좀 더 다가갈 수 있게 된다—사진이라는 형태로든 또는 음반[25]이라는 형태로든. 대성당은 그 [유일무이한] 장소를 떠나 예술애호가의 아틀리에에 수용된다. 커다란 홀이나 야외에서 연주되었던 합창곡이 방 안에서 청취된다.

예술작품의 기술적 복제에 의한 산물이 능히 초래할 수 있는 이러한 상황은, 예술작품의 다른 특성들에는 영향을 미치지 않을지 모르지만, 그러나 작품이 갖는 '지금과 여기'라는 특성의 가치만은 저하시켜버린다. 이 점은 결코 예술작품에만 해당되는 것이 아니라 예를 들면 영화에서 관객의 눈앞을

· ·
촬영해서 그 상태를 슬로모션으로 재현하는 영화촬영기법을 말한다. 피사체의 움직임을 고속도로 필름을 구동시키면서 촬영한 뒤 이것을 표준속도로 영사하면 피사체의 움직임이 슬로모션 영상으로 나타나게 된다.
25. 음반Schallplatte: 레코드 플레이어용으로 사용하기 위한 소리의 기록물을 말하며, 간단하게 '레코드record'라고도 불린다. 에디슨의 원통형 실린더식 레코드 대신 원판형 음반이 개발된 것은 1887년 에밀 베를리너Emil Berliner에 의한 것이며, 이것이 이후 턴테이블의 시초가 되었다.

스쳐가는 풍경에 대해서도 해당될 수 있는 것으로, 예술작품의 경우 이 [가치 저하의] 과정은 작품의 가장 민감한 핵심을 건드린다.[26] 반면 자연물에는 그 정도로 상처입기 쉬운 핵심은 없다. 이 핵심이란 예술작품의 진본성이다. 어떤 사물의 진본성이란 그 사물에 있어 근원으로부터 전해질 수 있는 모든 것을 총괄하는 개념으로, 여기에는 이 사물이 물질적으로 존속해 있다는 점에서부터 그 역사적 증언력까지가 모두 포함된다. 후자 즉 역사적 증언력은 전자 즉 물질적으로 존속해 있다는 점에 기초해 있기 때문에, 물질적 존속이 인간에 의존하지 않게 되어버린 복제에 있어서는 이 사물의 역사적 증언력 또한 흔들리게 된다. 물론 흔들리는 것은 역사적 증언력만이지만, 그러나 그렇게 해서 정작 흔들리는 것, 그것은 사물의 권위이다.[27]

..
26. 여기서 '작품의 가장 민감한 핵심을 건드린다'라는 표현은 '작품의 가장 민감한 핵심에 손상이나 타격을 입힌다'라는 의미이다.
27. [원주 4] 『파우스트』의 아무리 빈약한 지방공연조차도 그것이 바이마르에서의 초연[옮긴이 주: 벤야민은 여기서 장소를 혼동하고 있다. 즉 괴테의 『파우스트』 1부 전체의 초연(1829년)은 바이마르에서가 아니라 브라운슈바이크의 궁정극장에서 이루어졌다. 괴테는 물론 바이마르 궁정극장의 감독으로서 연극 상연의 준비를 하기 시작했지만 바이마르에서 이를 실행에 옮기지는 못했다]에 대해 상상적 경쟁관계에 있다는 점에서는 영화로 만들어진 「파우스트」

이 과정에서 탈락되는 것을 아우라Aura라는 개념으로 총괄하여 이렇게 말할 수 있다. 즉 예술작품이 기술적으로 복제 가능하게 된 시대에 힘을 잃어가는 것은 예술작품의 아우라이다. 이 과정은 징후적이다. 다시 말해, 이 과정이 지닌 의미는 예술의 영역을 훨씬 넘어간다. 복제기술은——일반론적으로 이렇게 정식화될 수 있을 것이다——복제된 것을 전통의 영역으로부터 분리시켜 버린다. 복제기술은 복제품을 많이 만들어냄으로써, 복제의 대상이 되는 것을 단 한 번 출현시키는 것이 아니라 대량으로 출현시킨다. 그리고 수용자가 그때그때의 자신의 상황에서 복제품과 대면하는 것을 가능케 함으로써, 복제기술은 그 복제품을 현실화한다aktualisiert. 전승되어온 작품은 이 두 과정을 통해 그 기반이 극심하게 뒤흔들린다. 동시에 이러한 전통의 동요는 인류가 처한 현재의 위기 및 혁신과 표리表裏관계를 이루고 있다. 이 두 과정[즉 복제품의 대량출현과 그 현실화]는 오늘날

●●
보다 더 낫다. 메피스토 속에서 괴테의 청년시절 친구 요한 하인리히 메르크[옮긴이 주: 요한 하인리히 메르크Johann Heinrich Merck, 1741-1791는 독일의 작가이자 문학비평가이다. 요한 볼프강 괴테1749-1832는 자신의 자서전 『시와 진실』에서 그를 메피스토의 전형으로 간주하여 '메피스토펠레스 메르크'라고 부른다]를 엿볼 수 있다든가 그 외 무대 위에서라면 여러 전통적 내용들을 떠올릴 수도 있지만, 영화의 스크린 위에서는 그런 요소들이 무효가 되어버렸다.

의 대중운동과 지극히 밀접하게 관련되어 있다. 이 점을 가장 강력하게 대변하는 것이 영화이다. 영화의 사회적 의의는 그 가장 긍정적인 모습에서조차, 아니 바로 그 긍정적인 모습 속에서 영화가 지닌 다음과 같은 파괴적인 측면, 카타르시스적인[28] 측면 없이는 생각될 수 없다. 즉 문화유산에서의 전통적 가치를 청산한다는 측면이 그것이다. 이러한 현상은 스케일이 큰 역사영화들[29]에서 가장 구체적으로 드러나며, 이제는 한층 더 많은 전략지점을 자신의 영역 속으로 끌어들이고 있다. 그래서 아벨 강스[30]는 1927년에 이렇게 열광적으로 외쳤다. "셰익스피어, 렘브란트, 베토벤도 [만약 그들이 현재 살아

∙ ∙
28. 벤야민은 여기서 아리스토텔레스가 말한 '카타르시스' 개념의 의미를 전도시켜, 전통적 의식에 충격과 동요를 가져다주는 방식의 그러한 정화와 청산이라는 의미로 사용하고 있다.
29. 스케일이 큰 역사영화들: 1판에서 벤야민은 역사영화의 예로서 『클레오파트라』(미국, 1928년), 『벤허』(미국, 1925년), 『프리데리쿠스Fridericus』(독일, 1936년), 『나폴레옹』(프랑스, 1927년)을 들고 있다. 그에 따르면, 역사적 사건들에 정향된 이러한 기념적 영화들은 전통의 위기에 대한 명확한 예로 여겨진다.
30. 아벨 강스Abel Gance, 1889-1981는 프랑스의 영화감독이자 영화이론가이다. 영화 『제10교향곡』, 『전쟁과 평화』, 『나폴레옹』 등을 만들었고, 특히 『철로의 백장미』(1923년)는 1920년대 프랑스 영화를 지배한 '포토제니'의 대표적인 작품이다. 플래시 백과 그 밖의 무성영화의 전형적인 연출 스타일을 만들어낸 감독으로 유명하다.

있다면] 영화를 제작할 것이다. … 온갖 전설과 신화, 온갖 종교의 창시자, 온갖 종교가 … 스크린 위에서의 부활을 기다리고 있고, 또 영웅들이 문전성시를 이루고 있다."³¹ 이렇게 말했을 때 강스는, 스스로 자각하지 않았을지는 모르지만, 전면적인 청산 쪽으로 사람들을 권유하고 있었던 셈이다.

3

역사의 광대한 시공간 내에서는 인간 집합체들³²의 존재양식이 총체적으로 변화함에 따라 인간의 지각양식도 변한다. 인간의 지각이 어떻게 조직화되는가——즉 인간의 지각을 발생시키는 매

••
31. [원주 5] Abel Gance, 「이미지의 시대가 도래했다Le temps de l'image est venu」, 『영화예술 II*L'art cinématographique II*』, Paris 1927, 94-96쪽.
32. '집합체Kollektiv'는 일반적으로 집단이나 공동체를 뜻하지만, 벤야민에게 이 개념은 특별히 중요한 의미를 갖는다. 왜냐하면 그에게 '집합체'는 비록 아직 현실태로서 존재하지는 않지만 '집합적 무의식' 속에서나마 계급 없는 사회의 경험들을 담지하고 또한 이를 발전시켜 나가기 때문이다. 집합체 또는 집합체주의라는 용어는 1850년경 프랑스의 정치경제학 문헌에 처음 등장하며, 러시아의 혁명가 미하일 바쿠닌이 1869년 바젤 인터내셔널 회의에서 '공산주의'를 대체하는 용어로 도입한 후 일반화되었다.

체——는 자연적 조건들에 의해 제약되어 있을 뿐만 아니라 역사적 조건들에 의해서도 제약되어 있다. 로마 후기의 공예나 「비엔나 창세기」[33]를 만들어낸 저 민족대이동[34]의 시대는 고전 고대와는 성격이 다른 예술을 가지고 있었을 뿐만 아니라 또한 다른 종류의 지각을 가지고 있었다. 이 로마 후기의 예술이 고전 고대적 전통의 중압 하에 매몰되어 있었을 때, 그 전통의 영향력에 저항한 비엔나학파의 학자들, 리글[35]과

· ·
33. 「비엔나 창세기」는 6세기경 제작된 필사본으로, 창세기를 묘사한 세밀화와 본문으로 되어 있다. 현재 오스트리아 국립도서관에 소장되어 있다.
34. 민족대이동이란 4세기 말부터 6세기까지 게르만계의 여러 부족들이 대규모로 로마제국의 영토 안으로 이주, 정착하여 여러 부족왕국들을 건설하게 되는 과정을 가리킨다. 게르만 부족들의 이러한 영토 확장은 서로마제국의 멸망의 길을 가속화하게 되었다.
35. 알로이스 리글Alois Riegl, 1858-1905은 오스트리아의 미술사가로서, 오스트리아 미술공예 박물관의 직물부 주임과 빈 대학 교수를 지냈다. 그는 『양식문제』(1893)에서 이집트로부터 아라비아에 걸친 장식문양의 발전사를 고찰하였고, 『후기 로마시대의 공예』(1901)에서는 이집트에서 로마에 이르는 고대미술의 연속적 발전의 법칙들을 해명하였다. 고대미술의 발전을 '촉각적'과 '시각적'이라는 2가지 형식적 기초개념의 관계에 따라 3단계로 나누어, 그때까지 고전미술의 조락凋落이라고만 여겨져 왔던 후기 로마 미술이 이전 시대로부터의 내적 필연성을 가진 발전이었으며 고전미술과 동등한 가치기준으로 그것을 보아야 한다는 것을 명백히 하였다.

비크호프[36]는 이 [로마 후기] 예술이 통용되던 시대의 지각이 어떻게 조직되고 있었는가를 이 예술 자체로부터 추론해야 한다고 생각한 최초의 사람들이었다. 그들의 인식은 커다란 파급력을 지닌 것이었지만 거기에는 한계도 있었다. 즉 이들 학자는 로마 후기 지각의 고유한 특징을 형식적인 면에서만 지적하는 데 만족해버렸던 것이다. 그들은 지각양식의 이러한 변화들 속에 표출되어 있었던 사회적 변동들을 제시하려고 시도하지 않았다. 그리고 어쩌면 그러한 시도는 그들의 본래 의도도 아니었을 것이다. 오늘날에는 이에 대한 적절한 고찰을 하기에 훨씬 더 좋은 조건들이 갖추어져 있다. 지각매체의 변화들을 현재 목도하고 있는 우리들은 이 변화들을 아우라의 붕괴Verfall der Aura로서 파악할 수 있는 이상, 이 붕괴의 사회적 조건들을 밝혀낼 수 있다.[37]

• •
36. 프란츠 비크호프Franz Wickhoff, 1835-1909는 리글과 함께 오스트리아 비엔나대학 미술사 교수를 지냈으며, 미술사학상의 비엔나학파를 형성하였다. 하르텔W. von Hartel과의 공동 저작 『비엔나 창세기*Die Wiener Genesis*』(1895)에서 그는 그리스 미술의 권위자인 빈켈만 이래의 전통적 학설을 부정하고 로마 미술의 새로운 독창적 가치를 인증하였다. 특히 서술 형식과 일루저니즘의 대두에 따른 새로운 로마 양식에 가장 역점을 두었다.
37. 우리가 "지각매체의 변화들을 현재 목도하고 있다"는 것은 사진이나 영화, 라디오의 등장과 함께 현대인의 지각양식의 변화가 진행

위에서 역사적 대상들을 위해 제안했던 아우라 개념을 여기에서는 자연적 대상들에서의 아우라 개념에 의해 설명해 보자. 자연적 대상들의 아우라를 우리는, '가까이 있더라도 아득히 멀게 느껴지는 것의 일회적인 나타남'으로서 규정한다.[38] 어느 여름날 오후, 고요히 쉬면서 지평에 가로놓인 산맥이나, 휴식하는 자에게 그림자를 드리우는 나뭇가지를 가만히 눈으로 좇는 것—그것은 이 산맥의 아우라, 이 나뭇가지의

- -
  되고 있다는 의미이다. 지각의 이러한 변화양상은 자연적 조건들만이 아니라 역사적 조건들에 의거해 발생되는 현상들이다. 따라서 오늘날 우리는 지각양식을 둘러싼 인식론적인 문제만이 아니라, 지각양식의 역사적-사회적 변동들까지도 시야에 넣을 수 있게 된다.
38. 이 문장의 원문은 다음과 같다: Diese letztere definieren wir als einmalige Erscheinung einer Ferne, so nah sie sein mag. 벤야민의 「사진의 작은 역사」에도 '아우라'에 대한 이와 동일한 규정이 보인다(GS II, 378쪽 참조). 앞서 2절에서는 아우라를 예술작품이 갖는 시공간적 유일무이성, 즉 '지금과 여기'라는 특성으로 설명했다면, 여기에서는 자연적 대상의 아우라를 '아득히 멀게 느껴지는 것'이 한순간 '일회적'으로 나타나는 현상으로 설명한다. '지금과 여기'라는 시공의 물리적 제약을 넘어 '아득히 먼 것'이 한순간 현전화되고 있는 느낌, 그리하여 시공간적인 '멂'과 '가까움'이 일순간 교체 또는 응축되어 나타나는 듯한 느낌이 '아우라'라고 말하고 있는 셈이다.

아우라를 호흡하는 것이다. 이 묘사를 단서로 해보면, 오늘날 아우라의 붕괴를 초래하는 사회적 규정조건을 간파하는 일은 그다지 어렵지 않다. 이 붕괴는 두 가지 사정에 기초하고 있거니와, 이 두 사정 모두 현대 생활에서 대중의 의미가 점차 증대하고 있는 점과 관련되어 있다. 두 가지 사정이란 곧 이러하다. 현대의 대중은 대상들을 공간적으로 또는 인간적 관심을 끄는 쪽으로 '더 가까이 접근시키는' 것을 매우 열렬한 관심사로서 삼는 동시에,[39] 주어져 있는 모든 것의 복제를 손에 넣음으로써 주어진 것의 유일무이성을 극복하려고 하는 경향을 가지고 있다. 대상을 아주 가까이에서 상像, Bild으로, 아니 오히려 모상模像, Abbild이나 복제로 소유하고 싶다는 욕구는 거부할 수 없으리만큼

..
39. [원주 6] 대상들을 '인간적 관심을 끄는 쪽으로' 대중 자신에게 더 접근시킨다는 것은 대상들[즉 인물 모델]의 사회적 지위나 직능을 시야에서 제거해버리게끔 하는 것을 뜻할 수도 있다. [예컨대] 현대의 한 초상화가가 가족과 아침식사를 하고 있는 저명한 외과 의사의 모습을 그린다고 할 때, 그 화가가 과연 이 의사의 사회적 직능까지를 정확히 표현해낼 것이라는 보증 근거는 어디에도 없다. [이와는 대조적으로] 가령 렘브란트가 「해부학 수업」[옮긴이 주: 정확한 작품명은 「니콜라스 튈프 박사의 해부학 수업」으로, 1632년에 그려졌다. 현재 헤이그 마우리츠호이스 왕립미술관에 소장되어 있다]에서 그리고 있듯이, 17세기의 화가는 의사들의 모습과 함께 그들의 직업 또한 표현하고 있는 사실을 떠올려본다면, 위의 경우와의 대조는 특히 두드러진다.

날마다 세력을 얻고 있다. 이 경우 신문의 화보나 주간뉴스영화[40]가 제공하는 방식의 복제가 상像과 다르다는 사실은 아주 명백하다. 상에 있어서는 일회성과 내구성耐久性이 긴밀히 교차되어 있는 데 비해, 복제에 있어서는 일시성과 반복가능성이 밀접하게 결부되어 있다. 대상에서 그 외피를 벗겨내는 것, 아우라를 완전히 파괴하는 것은 "세계 내에서의 평등성에의 감각"[41]을 크게 진척시키고 있는 현대 지각의 특징으로서, 이 지각은 복제라는 수단을 통해 유일무이한 것으로부터도 평등성을 획득해낸다. 이렇게 해서 지각의 영역에서 일어나고 있는 것은 이론의 영역에서 통계의 의의가 점차 증대되고

‥
40. 주간뉴스영화Wochenschau는 한 주간의 국내외 사건들에 대한 소식을 담은 15분 내외의 짧은 뉴스영화로, 대체로 본 영화 직전에 상영되었다. 각 가정마다에 텔레비전 방송이 자리 잡게 되기까지, 주간뉴스영화는 영화필름에 의해 최신 보도를 제공하는 가장 중요한 영상매체였다.

41. "세계 내에서의 평등성에의 감각": 벤야민은 이 구절을 덴마크 작가 옌센Jensen, Johannes V., 1873-1950에게서 인용하고 있다. 옌센Jensen, 외국 단편소설*Exotische Novellen*, Julia Koppel 옮김, Berlin: S. Fischer 1909, 41-42쪽 참조. 옌센은 덴마크의 소설가이자 시인, 에세이 작가로서, 1944년에 노벨문학상을 수상했다. 「Hashish in Marseilles」, *Benjamin, Selected Writings, Volume 2: 1927-1934*, Cambridge, Mass.: Harvard University Press 1999, 677쪽 참조.

있는 사정과 궤를 같이한다. 현실을 대중과 또 대중을 현실과 보조를 맞추게끔 하는 것은 사고와 직관[42] 양자에게 광대한 영향력을 갖게끔 하는 과정이다.

4

예술작품이 유일무이하다는 것은 그것이 아직 전통의 연관 속에 묻혀 있다는 것에 다름 아니다. 물론 이 전통 자체는 전적으로 살아있는 것이자, 또한 의외로 변하기 쉽다. 예컨대 고대의 베누스 상[43]은, 이것을 제의Kultus의 대상으로 삼았던 그리스인들에게는 어떤 하나의 전통연관에 속해 있었지만, 이것을 사악한 우상으로 보았던 중세 가톨릭 성직자들에게는

• •
42. 벤야민의 논의맥락에서 볼 때, 여기서의 '직관Anschauung'은 '지각'으로 바꿔 이해해도 좋을 것이다.
43. 베누스 상Venusstatue: 흔히 '비너스'로 표기되어온 '베누스'는 로마의 미와 사랑의 여신으로, 그리스의 사랑의 여신 아프로디테에 상응한다. 가장 유명한 베누스 상은 「밀로의 베누스」(기원전 100년경)이다. 르네상스 이후 베누스는, 구약 성서에 입각한 인류 최초의 어머니 이브Eva와 나란히, 가령 보티첼리Sandro Botticelli, 1445-1510의 작품에서 보이듯이 여체 누드화 모델로서의 결정적인 의미를 획득했다.

또 다른 전통 연관에 속해 있었던 셈이다. 그러나 이 두 경우 모두에서 유사한 방식으로 사람들에게 다가온 것은 이 상의 유일무이한 성격, 달리 말하면 그것의 아우라였다. 예술작품이 전통연관 속에 묻혀 있는 원초적인 양태는 제의Kult 속에 나타나 있다. 가장 오래된 예술작품들은 우리가 아는 바대로 제의Ritual에 사용되기 위해 성립했다. 즉 최초에는 주술적 제의에, 그 다음에는 종교적 제의에 사용되는 것으로서 예술작품이 성립했다. 그런데 결정적으로 중요한 것은 예술작품의 이 아우라적 존재방식이 그 제의적 기능으로부터 완전히 분리되는 일은 결코 없다는 점이다.[44] 다시 말하면, '진본' 예술작품의 고유한 가치는, 예술작품이 최초의 본원적 사용가치를 지니고 있었던 제의 속에 그 기초를 두고 있다. 제의라는 이 기초는, 설령 간접적인 것일지라도 또 미의 예배라는 지극히 세속적인 형식

..
44. [원주 7] "아무리 가까이 있더라도 아득히 멀게 느껴지는 것의 일회적인 나타남"이라는 아우라의 정의는 예술작품의 제의적 가치를 공간적·시간적 지각의 범주에 의해 표현한 것에 다름 아니다. [시간적·공간적으로] 멀리 있음은 가까움의 반대이다. 근본적으로 멀리 있는 것은 접근하기 어려운 것이다. 사실, 접근하기 어려움이란 예배상禮拜像이 지닌 주요특질이다. 그것은 그 성질상 "가까이 있더라도 아득히 멀게 느껴지는 것"으로 남아 있다. 그 상의 물질로부터 얻을 수 있는 가까움 역시 그 모습이 담고 있는 멀리 있음의 측면을 깨뜨리지 못한다.

들 속에서도, 세속화된 제의라는 의미로서 지금도 인정될 수 있다.⁴⁵ 세속적인 미에의 예배는 르네상스와 함께 형성되어 삼백 년 동안 힘을 발휘했지만, 이 기간이 지난 후 최초로 심각한 동요에 휩싸이게 되었으며, 그때 저 제의적 기초를 확연히 드러냈다. 즉 실로 혁명적인 최초의 복제수단인 사진 Photographie의 등장(그것은 사회주의의 발흥과 동시였다)과 함께 저 위기―그 백 년 후에는 어느 누구의 눈에도 명확하게 된 위기―가 가까이 오고 있음을 감지한 예술은, 이 사태에 대항하여 예술의 신학과 다를 바 없는 예술을 위한 예술⁴⁶이라

• •
45. [원주 8] 상像의 제의적 가치가 세속화됨에 따라 상이 갖는 근본적인 유일무이성이라는 사고도 점차 불안정해진다. 상을 수용하는 자의 관념에서는, 제의적 상像 속에 지배되고 있는 현상체의 유일무이성은 점점 더 예술가나 그의 조형능력의 경험적인 유일무이성에 의해 대체된다. 물론 이 경우 예배상이 갖는 유일무이성이 완전히 밀려나는 것은 아닌데, 그 이유는 [상의 유일무이성에서 비롯된] '진본성'이라는 개념은 항상 진위 감정眞僞 鑑定이라는 관념을 넘어서려는 경향이 있기 때문이다. (이 점은 특히, 어느 정도 주술 숭배적 성격을 갖춘 수집가의 태도에서 명확하게 나타난다. 수집가는 예술작품의 소유를 통해 작품 자체의 제의적 힘에 관여하고 있는 셈이다). 그럼에도 불구하고 진위 감정이라는 개념은 예술 감정에서 하나의 결정적 요인으로서 기능하게 된다. 특히 예술이 세속화됨에 따라 이 진위 감정이 제의적 가치를 대신하게 된다.
46. 예술을 위한 예술l'art pour l'art은 1830년대 프랑스 시인 테오필 고티

는 교의를 내놓았다. 여기서부터는 그 후 더 나아가, 바로 부정신학否定神學이라는 것이 생겨났다. 이 신학은 어떠한 사회적 기능을 떠맡는 것도 거부할 뿐만 아니라 어떠한 구체적 테마에 의해 규정되는 것도 거부하는, '순수' 예술의 이념이라는 모습으로 나타났다. (문학에서 이러한 입장에 최초로 도달한 사람은 말라르메[47]였다.)

이들 연관을 올바르게 평가하는 일은 '예술작품의 기술적 복제가능성 시대에 있어서의 그 예술작품'[48]에 대한 고찰을

• •

에Théophile Gautier가 주창한 예술 이론으로서, '예술지상주의'라고도 불린다. 이에 따르면, 작품의 미적 형식이야말로 예술작품의 절대적 내용이자 유일한 목적으로서 간주된다. 따라서 도덕적·사회적 또는 그 밖의 모든 효용성을 배제해야 한다는 입장을 견지한다.

47. 스테판 말라르메Stéphane Mallarmé, 1842-1898는 폴 베를렌, 아르튀르 랭보와 함께 19세기 후반 프랑스를 대표하는 3대 시인 중 한 사람이다. 벤야민은 언어라는 재료의 우연적 결합에 의해 지어진 말라르메의 서정시에서 '예술을 위한 예술'의 한 정점을 감지하고 있다.

48. 따옴표로 묶은 이 문구는 바로 이 논문의 제목, "Das Kunstwerk im Zeitalter seiner technischen Reproduzierbarkeit(=The Work of Art in the Age of Its Technological Reproducibility)"에 해당한다. 이 제목에서 특히 유념해야 할 것은 '기술적 복제가능성'을 수식하고 있는 '예술작품의'[원어로는 'seine(=Its)']라는 말이다. 왜냐하면 이로써 중요한 포인트, 즉 고대 이후 어떠한 예술작품과도 관계될 수 있는

위해 불가결하다. 왜냐하면 이 평가에 의해 지금 논하고 있는 문제에 관한 다음과 같은 결정적인 인식이 얻어지기 때문이다. 즉 예술작품의 기술적 복제가능성이야말로 예술작품을 세계사에서 최초로 제의에의 기생상태로부터 해방시킨다는 인식이 그것이다. [그리하여 단순히] 예술작품이 복제된다는 것이 아니라, 이제 [새로이 그 본래의 성격이] 복제가능성에 의거해 있는 그러한 예술작품을 복제[49]한다는 사태로 점차 그 의미 비중이 옮겨간다.[50] 예를 들면 사진의 원판[51]으로부터

· ·

일반적인 '기술적 복제가능성 시대'가 아니라, '예술작품 자체'가 기술적 복제가능성에 의해 규정된 시대라는 점이 부각되기 때문이다. 또한 여기서 벤야민이 '복제Reproduktion'가 아니라 '복제가능성 Reproduzierbarkeit'이라고 말하고 있는 것도 매우 깊은 함의를 갖는다. 왜냐하면 문제가 되어야 할 것은 복제가능성의 조건들이기 때문이다. 그리하여 이 논문은 현 단계 예술작품의 기술적 복제의 가능 조건들 및 그 성격이 무엇인지를 해명하며, 그런 가운데 이들 조건들이 충족되고 있는 현 시대에서의 예술작품의 새로운 정체성과 전망 문제를 논하고 있다.

49. 벤야민은 여기서 예술작품이라는 것을 단순히 복제의 한 대상으로서 거론하는 것이 아니라 이제 '예술 작품 자체가 기술적으로 복제가능하다는 것이 새롭게 인식되고 있는 그런 시대에서의 예술작품과 그 환경'을 주목하고 있다.

50. [원주 9] 영화의 경우 그 생산물의 기술적 복제가능성은 예컨대 문학이나 회화 작품들의 경우와는 달리, 작품을 대량으로 보급시

키기 위한 외부로부터 주어진 조건이 아니다. 영화의 기술적 복제가능성의 근거는 영화제작기술 그 자체 속에 있다. 영화제작 자체가 직접적으로 영화작품의 대량 보급을 가능하게 할 뿐 아니라 오히려 보급할 수밖에 없게끔 하고 있다. 이는, 영화의 제작비용이 워낙 많이 드는 탓에, 가령 그림 한 점을 개인이 손에 넣는 식으로 영화 한 편을 사들일 수는 없기 때문이다. 1927년의 조사에 따르면, 상당히 스케일이 큰 영화 한 편의 채산이 맞으려면 9백만 명의 관람객이 몰려들어야만 한다고 한다. 물론 이 시기에는 유성영화가 새로이 출현함으로써 이런 [채산상의] 요구에 역행하는 흐름도 생겨났다. 왜냐하면 유성영화의 관객은 언어적 통용범위라는 제한을 받고 있었고, 게다가 이런 유성영화의 출현은 파시즘에 의한 국가적 이익의 강조와 때를 같이 하여 일어났기 때문이다. 그러나 여기에서 보다 중요한 것은 이러한 역행적 흐름(이 현상은 후에 동시녹음[옮긴이 주: 동시녹음Synchronisierung이란 보통 영화나 방송에서 촬영과 녹음을 동시에 하는 것을 말하지만, 여기에서는 유성영화의 원래 대사를 다른 언어로 번역하여 다시 녹음하는 작업을 일컫는다]의 방법에 의해 어쨌든 완화되었다)을 확인하는 것보다는 오히려 그러한 흐름이 파시즘과 맺는 관계에 주목하는 일이다. 이 두 현상의 동시성은 결국 경제공황에 기인한다. 경제공황이 가져온 혼란은 크게 보아 기존의 소유관계들을 노골적 폭력에 의해 그대로 고착시키고자 하는 파시즘의 시도와 결부되어 있었던 것으로, 바로 그와 같은 혼란이 당시 위기에 처해 있었던 영화자본에게 유성영화를 준비하도록 마구 추진시켰던 것이다. 유성영화의 도입은 잠정적으로 숨을 돌리는 계기가 되었는데, 그 이유는 유성영화가 새로이 대중을 영화관으로 끌어들였기 때문만이 아니라 유성영화가 전기산업계電氣産業界의 새로운 자본들과 영화자본을 연계시켰기 때문이기도는 얼마든지 인화가 가능하다. 이렇게 되면 과연 어느 사진이 진본인가라는 물음은 의미가 없어진다. 그런데 예술의 생산에 있어 진본성이라는 것을 판가름하는 척도가 무효가 되는 그 순간, 예술의 사회적 기능 전체 또한 커다란 변혁을 겪게 된다. 예술은 더 이상 제의에 근거하지 않고, 어떤 다른 실천, 즉 정치에 근거를 두게 된다.

5

예술작품에 대한 수용에는 매번 상이한 악센트들이 가세하는데, 그 악센트들 중에는 단연 두 가지 양극적 강세가 두드러진다. 하나는 예술작품의 제의적 가치^{祭儀的 價値, Kultwert}이고, 다른 하나는 예술작품의 전시적 가치^{展示的 價値, Ausstellungswert}이다.[52][53] 예술생산은 제의Kult에 이용되는 형상들을 제작하는

．．
하다. 그리하여 유성영화는 표면적으로는 국가적 이익을 촉진했지만 실질적으로 보자면 영화제작을 이전보다도 훨씬 더 국제적인 것이 되게끔 했다.
51. 사진의 원판photographische Platte: 무엇보다 사진이 발명된 초기에는 사진을 보관하거나 재생하는 데 유리판 또는 금속판이 사용되었다.
52. [원주 10] 관념론 미학은 이 양극성을 정당하게 평가할 수 없다.

관념론 미학에서의 미의 개념은 결국 이 양극성을 구분하기 어려운 하나의 것으로서 포괄한다(따라서 구분할 수 있는 것으로서는 배제해 버린다). 어쨌든 이 양극성의 개념을 관념론의 틀 내에서 생각할 수 있는 한, 가장 명료한 모습으로 나타낸 것은 헤겔이었다. 그는 『역사철학 강의』에서 다음과 같이 말하고 있다. "사람들은 이미 오래전부터 '형상들Bilder'을 가지고 있었다. 경건한 신앙은 예배를 위한 형상들을 일찍부터 필요로 하고 있었던 것이다. 물론 그것이 아름다운 형상일 필요는 없었다. 아니 아름다우면 오히려 유해했다. 아름다운 형상 속에는 역시 외면적인 것이 존재한다. 그러나 그것이 아름다운 것인 한에서 이 외면적인 것의 정신이 인간에게 말을 걸게 된다. 하지만 예배에서는 그 어떤 사물과의 관계가 본질적이다. 왜냐하면 예배는 그 자체로서는 정신을 결여한, 영혼의 무감각화에 불과하기 때문이다. … 아름다운 예술은… 교회 자체 속에서 발생했다 … 물론… 예술은 이미 교회의 원리에서 벗어나 버렸지만." (Georg Wilhelm Friedrich Hegel, *Werke* Bd. 9: 『역사철학 강의*Vorlesungen über die Philosophie der Geschichte*』, E. 간스Eduard Gans 편, Berlin 1837, 414쪽). 『미학강의』 내의 한 대목도 헤겔이 여기에서 문제로 느끼고 있었던 것을 분명히 나타내고 있다. 거기에서는 다음과 같이 말하고 있다. "우리는 이미 예술작품을 신성한 것으로서 숭배하거나 그것에 찬양을 드리는 단계를 넘어서 버렸다. 예술작품에서 받는 감명은 특수한 종류의 것이다. 예술작품에 의해 우리 내부에 일어나는 감동을 명확히 하기 위해서는 보다 고도의 기준이 필요하다." (Hegel, *Werke* Bd. 10: 『미학강의*Vorlesungen über die Aesthetik*』, 호토H. G. Hotho 편, Bd. 1, Berlin 1835, 14쪽).

53. [원주 11] 예술작품을 접할 때의 첫 번째 [제의적] 태도로부터 두 번째 [전시적] 태도로의 이행은 예술 수용 일반의 역사적 과정을

규정한다. 그러나 이와는 무관하게, 개별 예술작품을 두고 보더라도 이 두 대극적인 수용방식들 간의 미묘한 이동이 원칙적으로 제시될 수 있다. 예를 들면 「시스티나의 성모Sixtinische Madonna」[옮긴이 주: 르네상스의 거장 라파엘로가 1513-14년에 그린 유화로서, 오늘날에는 특히 그림 맨 아래의 두 아기천사의 모습으로 유명하다. 현재 독일 드레스덴의 구舊 거장 회화관에 전시되어 있다]에서 그러하다. 후베르트 그리메의 연구[옮긴이 주: 벤야민은 여기서 고전 어문학자이자 예술사가인 후베르트 그리메Hubert Grimme, 1864-1942의 다음 논문을 전거로 들고 있다. 「시스티나 성모의 수수께끼 Das Rätsel der Sixtinischen Madonna」, 『조형예술논집Zeitschrift für bildende Kunst』, 1922, Nr. 3/4, 41-48쪽] 이후 시스티나의 성모는 원래 전시를 목적으로 하여 그려졌다는 것이 밝혀졌다. 그림의 전경前景에 있는 두 벌거벗은 동자상童子像이 팔꿈치를 괴고 있는 나무선반은 무엇을 의미하는가? 더 나아가 라파엘 같은 화가가 배경 하늘을 한 쌍의 휘장으로 장식하게 된 것은 무슨 이유일까? 이 같은 의문들이 그리메의 연구의 계기였다. 연구의 결과, 이 「시스티나 성모」의 제작은 교황 율리우스 2세[옮긴이 주: 벤야민은 '교황 식스투스'라고 잘못 적고 있다]의 공개적인 입관식에 즈음하여 라파엘에게 의뢰되었던 것임이 드러났다. 역대 교황들의 입관식은 성 베드로 대성당 내의 특정 예배당에서 행해졌다. 엄숙한 입관식 때에 라파엘의 그림은 이 예배당 안쪽의 벽감처럼 되어 있는 곳에 안치된 관 위에 조용히 걸렸다. 라파엘은 이 그림에서, 초록색 휘장으로 경계 지어진 벽감의 배경 안쪽으로부터 성모가 구름을 타고 교황의 관 위로 다가오는 모습을 나타내고 있다. 율리우스 2세의 장례식에서 라파엘의 이 그림의 뛰어난 전시적 가치는 훌륭하게 발휘되었다. 얼마 뒤 이 그림은 피아첸차에 있는 흑黑수도사 수도원 성당의

데서 시작되었다. 이들 형상의 경우에는 충분히 짐작될 수 있듯이, 보인다는 사실보다는 존재한다는 사실이 더 중요하다. 석기시대의 인간이 동굴 벽면에 모사한 사슴의 상像은 일종의 마법의 도구이다. 그는 비록 동료들 앞에 이 상을 전시하기는 하지만 그러나 그것은 무엇보다도 정령들에게 바치기 위한 것이었다. 이로 인해 오늘날의 관점에서 보자면, 제의적 가치 자체가 예술작품을 사람들 눈에 띄지 않는 곳에 두게끔 하는 경향이 있는 것으로 보인다. 예컨대 어떤 신상들은 [신전 안쪽의] 신상 안치소에 두어져서 사제만 접근할 수 있고, 어떤 성모상은 거의 일 년 내내 덮여진 채로 있으며, 중세 대성당의 조각들 몇몇은 1층 지면에 서 있는 관찰자에게는 볼 수 없도록 되어 있다. [하지만] 여러 예술행위들이 제의의 품에서 해방됨에 따라, 그 산물들을 전시하는 기회가 늘어난다. 이곳저곳으로 옮겨질 수 있는 흉상의 전시가능성은 신전의 내부에 고정되어

∙∙
　　제단 위로 옮겨졌다. 이 같은 이전의 원인은 로마교회의 예배법에 있었다. 로마교회의 예배법은 장례식 때 전시된 적이 있던 그림들을 예배의 대상으로서 제단 위에 두는 것을 금하고 있다. 라파엘의 그림의 가치는 이 규정에 의해 어느 정도 저하될 수밖에 없었다. 그럼에도 이를 어떻게든 벌충하기 위해 당시의 교황청은 이 그림을 제단 위에 설치하도록 하는 특례를 묵인해주기로 결정했다. 그래서 잠시 세간의 이목을 피하고자 이 그림은 외진 지방도시의 교단으로 옮겨졌던 것이다.

있는 신상의 전시가능성보다 더 크다. 패널화[54]의 전시가능성은 이보다 시대적으로 선행하는 모자이크화나 프레스코화[55]의 전시가능성보다 더 크다. 그리고 미사곡[56]의 전시가능성은 본래는 교향곡의 전시가능성에 못지않았을지 모르지만, 그럼에도 교향곡이 성립된 때는 이미 이 교향곡의 전시가능성이 미사곡의 전시가능성을 넘어서는 현상이 기정사실화된 시점에서였다.[57]

∙ ∙
54. 패널화는 나무판이나 아마포 위에 그린 그림으로, 보통 틀의 규격이 제한되어 있다. 하지만 벽화와 달리 패널화는 어떤 정해진 장소에 매어있지 않다.
55. 모자이크화畵는 커다란 밑그림에다 여러 색깔의 돌조각이나 유리조각을 붙여서 형상을 만드는 벽화기술을 말한다. 프레스코화는 덜 마른 회반죽 바탕에 물에 갠 안료로 채색한 벽화를 말한다.
56. 미사곡은 주로 가톨릭교회의 성만찬 의식인 미사에서 연주되도록 작곡되거나 만들어진 선율이나 작품을 가리킨다. 전례용典禮用 미사곡으로서 가장 오래된 것은 단선성가이며, 후에 그레고리오 성가가 되었다. 13세기경부터 대위법의 발전에 따라 미사곡은 다성양식(폴리포니)으로 변화되었다.
57. 교향곡이란 일반적으로 관현악이 서로 조화롭게 연주될 수 있도록 만들어진 큰 규모의 기악곡을 뜻한다. 그런데 벤야민이 여기서 '교향곡'이라고 말할 때, 이는 특히 하이든, 모차르트, 베토벤 같은 빈 고전파의 교향곡을 염두에 두고 있는 것으로 보인다. 18세기 후반부터 19세기 초에 걸쳐 교향곡의 고전적 형식과 편성은 이들 작곡가에 의해 완성되는데, 이 시기는 동시에 공개 '연주회'라는

예술작품의 기술적 복제의 다양한 방법들이 출현함과 더불어, 예술작품의 전시가능성은 비약적으로 증대했다. 그에 따라, 예술작품의 양극들[즉 제의적 가치와 전시적 가치] 간의 양적인 이행이 원시시대에서도 그러했듯이 예술작품의 성격에 대한 질적 변화로 전환한다. 즉 원시시대에 예술작품은 그 제의적 가치 쪽에 절대적 비중이 두어짐으로써 우선은 주술Magie의 도구가 되었다가 나중에야 어느 정도 예술작품으로 인정되기에 이르렀다. 이러한 과정과 마찬가지로, 오늘날에는 전시적 가치 쪽에 절대적 비중이 두어짐으로써 예술작품은 전적으로 새로운 기능들을 지닌 형성물이 되고 있다. 이 기능들 중에는 우리가 알고 있는 기능, 즉 예술적 기능이 두드러져 있지만, 이것은 훗날에 가서 부차적인 기능으로서 인식될지도 모른다.[58] 어쨌든 확실한 것은, 현재 사진과 더 나아가

⁎⁎ 음악 수용의 형식 성립사와도 겹친다. 그 이전의 음악(현재 '클래식 음악'으로서 수용되는 고급문화로서의 음악)이 주로 교회에서의 집례나 예배를 위한 것('미사곡'은 그 가장 전형적인 작품형식이다)이거나 또는 궁정에서의 오락에 봉사하는 것(오페라, 무도회, 식사 등)이었던 데 비해, 교향곡이라는 형식은 바로 그 완성의 시기에, 시민사회에서의 다수 불특정 청중들에게 수용되는 방향으로 전개되고 있었다. 그것은 또한 사진이 발명된 시기와 거의 같은 시대였다.

58. [원주 12] 다른 차원에서의 이야기이기는 하지만, 브레히트도 이와

영화가 이러한 인식을 위한 가장 유용한 단서를 제공하고 있다는 점이다.

6

사진의 세계에서는 전시적 가치가 제의적 가치를 전면적으로 밀어내기 시작한다. 물론 제의적 가치가 완전히 무저항적으로 사라져 없어지는 것은 아니다. 그것은 최후의 보루 속으로

•• 유사한 생각을 제시하고 있다. "예술작품이 상품이 되어버린 마당에 더 이상 여기에서 생겨나는 사물에 대해 예술작품이라는 개념이 견지될 수 없다고 한다면, 이 새로이 생겨난 것이 지닌 기능까지 함께 없애버리지 않기 위해서는 우리는 신중하고도 조심스럽게, 하지만 단호하게 이 개념을 제거해버리지 않으면 안 된다. 왜냐하면 예술작품은 반드시 이 국면을—그것도 다른 어떤 저의底意 없이—거쳐야만 하기 때문이다. 이는 결코 예정에 없던 길을 한가롭게 들러보는 식의 과정이 아니다. 오히려 이 국면에서 일어나는 사태는 예술작품을 근저에서 변화시키고 그 과거를 완전히 지워 없애버릴 것이다. 설령 저 낡은 개념이 다시 사용된다고 하더라도—사실 그렇게 되지 않으리란 법은 없다—그때에는 과거에 그 개념이 의미하고 있었던 바의 기억이 되살아나는 일은 없을 것이다." (브레히트[Bertolt] Brecht, 시론Versuche 8-10. [Heft] 3. Berlin 1931, 301-302쪽;「서푼짜리 소송Der Dreigroschenprozess」).

도망쳐 들어간다. 그리고 이 보루란 바로 인간의 얼굴이다. 초기 사진술의 중심에 초상사진이 놓여 있었던 것은 결코 우연이 아니다. 멀리 떨어져 있거나 고인이 된 사랑하는 이들을 기억해내는 제의적 행위 속에서 이미지의 제의적 가치는 최후의 피난처를 발견한다. 초기의 사진들에서 아우라가 마지막 신호를 보낸 곳은 인간 얼굴의 순간적 표정에서이다. 이것이야말로 초기 사진의 우수에 찬, 그리고 그 무엇과도 비할 수 없는 아름다움을 이루는 것이다. 그러나 인간의 모습이 사진 속에서 자취를 감추게 되자, 최초로 전시적 가치가 제의적 가치보다 우위에 서게 된다. 바로 이러한 과정 속에 자신의 입지를 마련한 것이 앗제[59]가 갖는 유례없는 의의이다. 그는 1900년경의 파리 거리를 사람의 자취가 없는 풍경으로 정착시켰다. 흔히들 앗제를 가리켜, 그는 그 거리를 범행 현장처럼 촬영했다고 이야기하는 것은 지극히 당연한 것이다. 범행 현장에도 인간의 모습이 없다. 범행 현장을 촬영하는 것은 간접 증거를 얻기 위함이다. 앗제에 이르러 사진은 역사과정의 증거물이 되기 시작한다. 바로 여기에 사진의 숨겨진 정치적

..
59. 장 외젠 앗제Jean Eugène Auguste Atget, 1856-1927는 프랑스 사진작가로서, 파리의 풍물과 건조물 등 1만 매에 달하는 사진 원판을 남겼다. 그는 만 레이, 앙드레 브르통 같은 초현실주의자들로부터 자신들의 선구자로 평가받았다.

의의가 있다. 이러한 사진은 이미, 특정한 의미에서 받아들여지기를 요구하고 있다. 마음 가는 대로 자유로이 관조하는 것은 더 이상 그것에는 어울리지 않는다. 사진들은 보는 사람을 불안하게 한다. 관찰자는 그 사진들을 바라볼수록 스스로 어떤 일정한 길을 찾아야 한다고 느낀다. 그러한 자를 위해 바로 이 시기에 이정표를 세우기 시작하는 것이 화보신문들이다. 올바른 이정표였는가 아니면 잘못된 이정표였는가—그것은 어떠하든 상관없다. 어쨌든 여기서[이들 화보신문에서] 처음으로 사진에는 설명글이 불가결한 것이 되었다. 그리고 이 설명글이 회화의 제목과는 전혀 다른 성격의 것이라는 점은 명백하다. 화보 잡지의 사진을 보는 사람이 짧은 설명글을 통해 받아들이는 지시내용들은 머지않아 영화에서 보다 뚜렷하고 보다 강제력을 띤 것이 된다. 영화에서는 개개 영상이 어떻게 이해되어야 할지가, 그에 선행하는 일련의 영상 전체에 의해 미리 지시되고 있는 것으로 보인다.

7

19세기에 회화와 사진의 두 진영 사이에서 이들 두 산물의 예술 가치를 두고 벌어졌던 논쟁은 오늘날의 시각에서 보자면 다소 정도正道를 벗어나 있고 혼란스럽다는 인상을 준다. 그러나 그렇다고 해서 이 논쟁에 의의가 없다는 것은 아니다. 오히려 그 의의는 강조되어도 좋을 것이다. 사실 이 논쟁은 세계사적인 변혁——이 양 진영의 어느 쪽도 이러한 변혁을 의식하지는 못했지만——의 표현이었던 것이다. 예술의 기술적 복제가능성 시대가 예술을 그 제의적 기반으로부터 분리시킴으로써, 예술의 자율성[60]이라는 가상은 영구히 소멸되었다. 그러나 그러한 소멸과 함께 생겨난 예술의 기능 변화는 19세기 사람들의 시야에는 들어오지 않았다. 영화의 발전을 체험한 20세기에 와서도 오랜 기간 이 기능 변화는 사람들이 알아채지 못한 상태였다.

사진이 예술인가 아닌가라는 문제를 매듭짓기 위해 지금까지 많은 사람들이 지혜를 기울여왔지만, 확실한 성과는 얻어지지 않았다. 이보다 마땅히 앞서 고려되어야 했던 문제, 즉 사진의 발명에 의해 예술이라는 것의 성격 전체가 변화한 것은 아닌가라는 선결문제를 등한시하고 있었던 것이다. 그 후의 영화이론가들의 문제제기도 이 선결문제를 유사한 방식으로 방기하고 있다. 더욱이 사진이

---

60. 칸트I. Kant, 1724-1804 이후 독일관념론 철학에서 자율성이란, 자기 스스로를 자유의 본질로서 파악하고 그 자유로부터 자기규정적으로 행위할 수 있는 능력을 의미한다.

종래의 미학에 야기했던 난제들은 영화가 그것에 던진 난제들에 비하면 아이들 장난에 불과했다. 초기 영화이론의 특징을 이루는 거친 우격다짐은 그 때문이다. 예를 들면 아벨 강스는 영화를 상형문자와 비교하고 있다. "이리하여 우리는 과거에 존재했던 원시 세계로의 아주 뚜렷한 복귀를 이룩하여, 다시금 고대 이집트인의 표현수준의 높이에 도달했다. … 영상언어Bildersprache는 아직 충분히 무르익었다고는 할 수 없다. 우리의 눈이 아직 그것에 부응할 만큼의 힘을 갖고 있지 않기 때문이다. 영상언어로 표현되어 있는 것에 대한 경의Achtung도, 숭배Kult도 아직 충분하다고는 말할 수 없다."[61] 또는 세브랭-마르스[62]는 이렇게 쓰고 있다. "이 정도로 시적인 동시에 실재적인… 꿈이, 과거 어떠한 예술에 주어져 있었던가! 그러한 점에서 보자면 영화는 전적으로 유례가 없는 표현수단을 내보이고, 영화의 대기권 내에서 움직이도록 허용되는 것은 가장 고귀한 사고방식을 지닌 인물들뿐이며, 더욱이 그것은 그들의

----

61. [원주 13] Abel Gance, 앞의 글, (S. 16), 100-101쪽.
62. 세브랭-마르스Séverin-Mars는 프랑스 태생의 연극배우이자 무성영화배우로서, 본명은 아르망-장 말라페이드Armand-Jean de Malafayde, 1873-1921이지만, 그의 예명인 세브랭-마르스로 더 잘 알려져 있다. 특히 아벨 강스가 감독한 『전쟁과 평화』(1919년), 『철로의 백장미』(1923년)에 출연했다.

인생행로에서 가장 완벽하고 가장 신비로운 순간들일 것이다."⁶³ 알렉상드르 아르누⁶⁴는 무성영화에 대한 판타지를 솔직하게 다음과 같은 물음으로 맺고 있다. "이로써 우리가 만족해 온 과감한 모든 서술들은 결과적으로 기도祈禱, Gebet라는 정의定義로 귀결되어 마땅한 게 아닐까?"⁶⁵ 이들 이론가들이 영화를 '예술'의 일부로 간주하기 위해 섣불리 영화 속에 제의적 요소들을 고려하여 이해하려고 안간힘을 기울이고 있는 모습은 확실히 매우 의미심장하다. 하지만 이러한 사변들이 발표되었던 때는, 이미 「파리의 여성」이나 「황금광 시대」⁶⁶ 같은 작품

. .
63. [원주 14] Abel Gance, 앞의 글, (S. 16), 100쪽에서 인용함.
64. 폴 알렉상드르 아르누Paul-Alexandre Arnoux, 1884-1973는 프랑스의 소설가이자 시나리오작가이다. 그의 소설들은 현대 세계를 신화적인 관점에서 서술하고 있다. 시나리오작가로서 그는 「서푼짜리 오페라」 등을 영화화한 게오르그 빌헬름 팝스트Georg Wilhelm Pabst와 공동작업을 했다. 벤야민에 의해 인용된 그의 책 『시네마Cinéma』는 열 편의 에세이와 영화비평들을 모은 것이다. 이 중 특히 「침묵」이라는 글은 무성영화 영상이 갖는 강력한 상징적 효과를 서술하고 있다.
65. [원주 15] 알렉상드르 아르누Alexandre Arnoux, 『시네마Cinéma』, Paris 1929, 28쪽.
66. 벤야민은 이 두 영화를 「L'Opinion publique[여론]」과 「La ruée vers l'or[황금에의 길]」이라고 적고 있으나, 이들은 각각 「파리의 여성A Woman in Paris」(1923)과 「황금광 시대Goldrush」(1925)라는 타이틀로

들이 존재하고 있었던 시대였다.[67] 그럼에도 불구하고 아벨 강스는 상형문자와의 비교를 끌어들이고 있고, 세브랭-마르스는 프라 안젤리코[68]의 그림들에 어울릴 듯한 말투로 영화를 논하고 있다. 특징적인 것으로는, 오늘날에도 특히 반동적인

◆ ◆

미국에서 처음 상영되었으며, 둘 다 찰리 채플린Charlie Chaplin, 1889-1977이 감독한 무성영화들이다. 독일에서는 각각 「Die Nächste einer schönen Frau」와 「Goldrausch」라는 타이틀로 상연되었다.

67. 이 문맥에서 보자면, 벤야민이 여기서 예로 든 채플린의 두 영화는 영화 속에 제의적 요소를 개입시키지 않은 작품에 해당한다. 이 텍스트의 뒷부분에 등장하는 '정신 집중'과 '정신 분산[=기분전환]'이라는 대극개념으로 말하면, 교양시민계층의 예술 수용관과 대립되는 '정신 분산[기분전환]'은 역시 제의적 가치와도 대극에 있는 것으로 여겨진다. 그런 의미에서 「황금광 시대」는 의심할 여지없이 '기분전환'의 방식으로 대중에게 수용되는 작품이다. 그에 비해 「파리의 여성」은 채플린의 영화 속에서도 특수한 위치를 점한다. 왜냐하면 이 영화는 희극왕 채플린의 유일한 비극작품으로서, 두 남녀의 불행한 사랑을 그린 심각한 이야기가 시종일관 전개되고 있기 때문이다. 하지만 벤야민이 여기서 일부러 「파리의 여성」을 예로 들고 있는 것은, 이 영화가 모종의 제의적 요소를 담으려고 하기보다는, 사랑의 계급적 갈등이라는 현실적 측면과 인간 삶의 운명적이고도 처절한 본질을 영화적 서사와 스크린으로 묘파해내고 있는 점에서 이해될 수 있다.

68. 프라 안젤리코Fra Angelico, 1395년경-1455는 도미니크회 수도사로서 그리스도교적 주제들을 표현하는 데 전념한 초기르네상스의 이탈리아 화가이다.

작가들은 영화의 의의를 이와 동일한 방향에서, 즉 종교적인 것이라고는 하지 않더라도 역시 무언가 초자연적인 것 속에서 구하고 있다는 점이다. 라인하르트가 『한여름 밤의 꿈』을 영화화[69]했을 때, 베르펠[70]은 지금까지 영화가 예술의 나라 속으로 비상하는 데 방해가 되었던 점은 의심할 여지없이 거리나 실내, 역이나 레스토랑, 자동차나 해수욕장 등 외부세계를 그저 무미건조하게 복사한 행위에 있다고 단언하고 있다. 그러면서 그는 이렇게 말한다. "영화는 자신의 참된 의미, 자신의 진정한 가능성을 아직 파악하지 못했다. … 영화의 가능성은 자연스러운 수단과 탁월한 설득력을 가지고서 동화적童話的인 것, 불가사의한 것, 초자연적인 것을 표현해내는 그 유일무이한 능력에 있다."[71]

..
69. 독일의 연출가 막스 라인하르트Max Reinhardt, 1873-1945는 조명·음악·음향 등을 마음껏 구사하여 희곡의 문학성보다는 시각적·청각적 요소를 중시한 상상력 풍부한 무대를 만들어낸 것으로 유명하다. 유대인이었던 까닭에 1933년 국외로 망명하여 미국에서 셰익스피어의 희극 『한여름 밤의 꿈A Midsummer Night's Dream』을 영화화했다(1935년).
70. 프란츠 베르펠Franz Werfel, 1890-1945은 유대계 독일의 소설가이자 시인, 극작가이다. 표현주의의 대표적 작가로서, 독특한 종교적 경지를 추구하여 세계적 문호로 인정받고 있다.
71. [원주 16] 프란츠 베르펠Franz Werfel, 「한여름 밤의 꿈. 셰익스피어

8

　무대배우의 연기는 고유한 인물로서의 배우 자신을 통하여 관객에게 직접 제시된다. 이에 반해 영화배우의 연기는 관객에게 기계장치를 통해서 제시된다. 후자의 경우는 두 가지 귀결을 낳는다. 영화배우의 연기를 관객 앞으로 가져다 놓는 기계장치는 이 연기를 통일적인 전체로서 고려할 필요가 없다. 기계장치는 카메라맨의 지휘 아래 계속적으로 이 연기에 대해 위치를 변경해간다. 필름 편집자가 자신에게 건네진 촬영 필름들을 편집해낸 결과가 완성된 편집 영화를 이룬다. 영화는 일정한 동작의 순간들을 포함하는데, 이들 순간은 그 자체로서——클로즈업 같은 특별한 조정에 대해선 말할 것도 없고——카메라에 의해 포착되어야 한다. 따라서 영화배우의 연기는 일련의 시각적 테스트를 따르게 된다. 바로 이 점이, 영화배우의 연기가 기계장치를 통해 시연됨에 따른 첫 번째 귀결이다. 두 번째 귀결은, 영화배우가 자신의 연기를 직접 스스로 관객에게 내보이지 못하기 때문에, 그는 무대배우에게

* *
　영화와 라인하르트Ein Sommernachtstraum. Ein Film von Shakespeare und Reinhardt」, 『신비엔나 저널*Neues Wiener Journal*』, 1935년 11월 15일자에서 재인용.

남겨진 가능성, 즉 공연 중에 연기를 관객에 맞춰가는 가능성을 상실한다는 점에 기인한다. 이 때문에 관객은 배우와의 그 어떤 개인적 접촉에으로부터 방해받지 않는 감식자의 태도로 접어들게 된다. 관객은 기계장치에 감정이입이 됨으로써만 배우에게 감정이입이 된다. 그러므로 관객은 기계장치의 태도를 넘겨받아서 [직접] 테스트하는 것이다.[72] 이는 결코 제의적 가치들로 환원될 수 있는 태도가 아니다.

9

72. [원주 17] "영화는… 인간 행위의 디테일을 유효하게 해명한다 (또는 해명할 수 있을 것이다). … 어떠한 행동이든 인간의 성격에서 그 동기를 찾는 것은 한계가 있기 마련이다. 인물들의 내면생활은 결코 행동의 주요한 원인을 제공하지 않으며, 또한 행동의 중요한 결과가 되는 일도 드물다." (브레히트, 앞의 글, (S. 25), 268쪽). 영화배우에 대한 기계장치의 테스트영역의 확대는 경제계의 요청에 의해 개인에 대해 시작된 테스트영역의 두드러진 확대에 대응한다. 그래서 직업적성검사의 의의가 점차 커져가고 있는 것이다. 적성검사에서는 개인의 단편적인 능력이 문제가 된다. 영화촬영과 적성검사는 모두 전문위원들 앞에서 행해진다. 스튜디오에서의 촬영감독의 입장은 적성검사에서의 시험관의 입장과 마찬가지이다.

영화에서는 배우가 관객에게 다른 사람을 연기해 보이는 것보다 기계장치 앞에서 자기 자신을 연기해 보이는 것이 훨씬 더 중요하다. [기계장치 앞에서의] 테스트 성과Teistleistung 에 의해 배우의 연기 자체가 실제로 어떻게 변화되는가를 감지한 최초의 사람들 중 하나가 피란델로[73]였다. 그가 자신의 소설『촬영 개시Si gira』[74]에서 이에 관해 말하고 있는 의견은

• •
73. 루이지 피란델로Luigi Pirandello, 1867-1936는 이탈리아의 극작가이자 소설가로서 20세기 전반의 유럽연극을 대표하는 한 사람이다. 1910년경부터『그렇지 않다면』(1915),『각자가 그 진실을』(1917),『명예의 기쁨』(1918),『전과 같이, 전보다 낫게』(1920),『작가를 찾는 6명의 등장인물』(1921),『헨리 4세』(1922)『나체에 입히다』(1923) 등 연극사에 길이 남을 극작품을 통해, 인간관계를 환상으로 파악하고 자타自他의 모순이 가져오는 비극성을 사회적 · 심리적으로 그려냈다. 한편『버림받은 여자』(1901) 등 250편의 장편소설과 7천여 편의 단편소설을 집필한 것으로 알려져 있다. 1934년 노벨문학상을 받았다.

74. 1916년 밀라노에서『Si gira[촬영 개시!]』라는 제목으로 출간된 피란델로의 장편소설로서, 벤야민은 이탈리아어로 된 이 소설의 불어 번역판을 인용하면서 독역하고 있다. 이 소설은 이후『카메라맨 세라피노 구비오의 일지Quaderni di Serafino Gubbio operatore』라는 이름으로 개칭되어 1925년 피렌체에서 신판이 나왔으며, 또한 같은 해 파리에서『On tourne』라는 제명으로 출간되었다. 아마도 이 책의 독역본(『Kurbeln. Aus den Tagebuchaufzeichnungen des Filmoperateurs Serafin Gubbio』, Berlin, 1929)에 대해선 벤야민이 알지 못했던 것으

오로지 사안의 부정적인 면만을 강조하고 있지만, 그렇다고 해서 이 의견의 가치가 크게 손상되는 것은 아니다. 더구나 그것이 무성영화와 관련된 의견이라고 해서 그 가치가 줄어드는 것도 아니다. 왜냐하면 유성영화 역시 이 문제의 근본적 성격을 조금도 바꾸지 못하기 때문이다. 결정적인 것은 어디까지나, 하나의 — 또는 유성영화의 경우에는 두 개의 — 기계장치에 대해 연기가 이루어진다는 점이다. 피란델로는 이렇게 쓰고 있다. "영화배우는 [이런 기계장치 앞에서] 자신이 추방되어 있는 듯한 느낌을 갖는다. 무대로부터만이 아니라 자기 자신의 인격으로부터도 추방되어 있는 듯한. 그는 정체모를 불쾌감과 더불어 형언하기 어려운 공허를 느끼는데, 그 원인은 그의 몸이 결락缺落증상을 겪는 점에 있다. 즉 그 자신이 휘발되어버리고, 또한 그의 현실, 그의 삶, 그의 음성 그리고 그가 몸을 움직이는 데에 따른 소리 모두를 빼앗겨서, 말없는 하나의 영상이 되는 것이다. 이 영상은 한순간 스크린 위에서 요동한 뒤 정적 속으로 사라져간다. … 자그마한 기계장치가 배우의 그림자를 이용하여 관객 앞에서 유희를 펼치게 될 것이다. 그리고 배우 자신은 기계장치 앞에서 연기하는 것으로 만족하지 않으면 안 된다."[75] 이와 동일한 사태를 다음과

˙˙
로 보인다.

같이 특징지을 수도 있다. 인간은 분명 자신의 살아있는 인격 전체를 가지고는 있지만, 그러나 이제 최초로—이것이야말로 영화의 작용이다—이 인격의 아우라를 포기하는 가운데 활동해야만 하는 상태에 놓이게 된다. 왜냐하면 아우라는 인간이 '지금-여기'에 있는 것과 결부되어 있기 때문이다. 아우라의 모상이라는 것은 존재하지 않는다. 무대 위의 맥베스[76]를 둘러싸고 있는 아우라는 [그 현장에 있는] 관객의 생생한 눈에는 맥베스 역의 배우를 둘러싸고 있는 아우라와 분리될 수 없다. 하지만 영화 스튜디오에서의 촬영이 갖는 특이한 점은, 관객이 있어야 할 자리에 기계장치가 놓인다는 사실이다. 따라서 배우를 둘러싼 아우라는 탈락되지 않을 수 없다—그리고 이 점에 의해 동시에 그가 연기하는 작중 인물을 둘러싼 아우라도 또한 탈락되지 않을 수 없다.

• •
75. [원주 18] 루이지 피란델로Luigi Pirandello, 『촬영 개시![레디고]On tourne』. 레옹 피에르-캥Léon Pierre-Quint, 「영화의 의미작용Signification du cinéma」, 『영화예술 II*L'art cinématographique II*』, (S. 16), 14-15쪽에서 재인용.
76. 『맥베스』는 윌리엄 셰익스피어의 비극작품으로, 1606년 완성되었다. 더없이 충성스럽고 용맹한 장군 맥베스가 마녀들의 예언에 현혹되어 결국 왕을 시해한 뒤, 그 피의 권좌에 올라 스스로 양심과 영혼의 붕괴에 고통 받는 인간사의 모순과 역설을 다루었다.

피란델로 같은 극작가가 영화의 특징을 이야기하면서 본의 아니게 오늘날 연극이 마주하고 있는 위기의 근원을 거론하고 있는 것은 그다지 놀라운 일이 아니다. 기술적 복제에 구석구석까지 지배되어 있는, 아니 오히려——영화와 같이——기술적 복제에서 생겨난 예술작품에 대해, 사실 무대예술의 작품만큼 결정적으로 대립하고 있는 것은 없다. 보다 상세하게 고찰해보면 이 점은 명확히 입증된다. 전문지식을 지닌 관찰자들은 이전부터 깨닫고 있었던 점이지만, 영화 표현에서는 "대부분의 경우, 최대한 '연기'를 줄이면 줄일수록, 그 최대의 효과가 얻어진다." 이것은 아른하임[77]이 말한 것으로, 1932년에 쓰인 이 대목에서 저자는 "배우를 소도구처럼 다루고, 소도구처럼 특징에 맞게 선발하며, 또한… 적절한 장소에 배정하는 것이 최근의 경향"[78]임을 말하고 있다. 이 점과 지극히

..
77. 루돌프 아른하임Rudolf Arnheim, 1904-2007은 독일의 영화이론가이자 예술사가이다. 그의 관심은 인간의 시각적 행위와 의식의 작용을 심리학적인 분석을 통해 구명하는 데 있었다. 주요저서로는 『미술과 시지각』, 『시각적 사고』, 『예술로서의 영화』, 『게르니카의 심리학』, 『회화의 발생학』 등이 있다. 이 중 『예술로서의 영화』에서 그는 특히 무성영화의 시각적 표현형식을 다루었고, 무성영화에 입각한 영화의 지각이론을 전개하였다.

78. [원주 19] 루돌프 아른하임Rudolf Arnheim, 『예술로서의 영화Film als Kunst』, Berlin 1932, 176-177쪽.——영화감독을 [연극] 무대의 처리방

식과 구분 짓게끔 하는 일견 별로 중요하지 않은 개개 사항들 중에는, 이러한 맥락에서 지극히 커다란 흥미를 끄는 문제가 있다. 예를 들면 배우에게 분장 없이 연기하게끔 하는 시도는 특히 드레이어가 「잔 다르크의 수난」[옮긴이 주: 칼 테오도르 드레이어Carl Theodor Dreyer, 1889-1968는 덴마크의 영화감독으로, 그가 만든 무성영화의 걸작 「잔 다르크의 수난De Jeanne d'Arc」(1928)은 백년전쟁 속에서 수세에 몰리던 프랑스군의 구원자로 나선 잔 다르크의 일생 중에서도 특히 그녀에 대한 재판 과정을 보여준다. 이 영화는 끊임없이 이어지는 클로즈업으로 인간의 영혼을 화면에 투시하는 데 성공했다는 평판을 들었으며, 역사적 기록의 뼈대 속에 숨겨져 있는 진실을 통해서 영혼의 구원이라는 주제를 영상화시킨 성공적인 예로 손꼽힌다.]에서 철저하게 수행했던 방법이다. 그는 이단재판의 장면에 등장하게 될 40여 명의 배우를 물색하는 데 몇 개월을 허비했다. 이 배우들을 찾는 일은 구하기 힘든 소도구를 찾는 것과 마찬가지였다. 드레이어는 배우들의 나이나 체격, 용모가 비슷한 것을 피하기 위해 최대의 노력을 기울였다. (cf. Maurice Schultz, 「화장[메이크업]Le maquillage」, 『영상미학L'art cinématographique』, vol. 6, Paris 1929, 65-66쪽). 배우가 일종의 소도구가 된다면, 다른 한편에서 소도구가 일종의 배우 같은 작용을 하는 경우도 드물지 않다. 어쨌든 영화가 소도구에 하나의 역할을 부여하게 된 것은 결코 이상하지 않다. 무수히 많은 실례들 중에서 임의의 예들을 끄집어내는 대신, 여기에서는 특히 논증력이 있는 하나의 사례에 착안해보자. 작동 중인 시계는 무대 위에서는 방해가 될 뿐이다. 시간을 잰다는 그 작용이 무대 위에서는 어울리지 않는 것이다. 물리적인 시간이란 비록 자연주의 작품 내에서도 무대 위의 시간과 충돌할 수밖에 없다. 이런 점에 비추어, 영화에 있어서는 경우에 따라 밀접하게 관련되는 또 하나의 사실이 있다. 무대에서 연기하는 배우는 자신의 배역 속으로 몰입한다. 영화배우한테는 그렇게 되지 않는 경우가 훨씬 더 많다. 영화배우의 연기는 결코 하나의 통일적인 것이 되지 못하며, 수많은 개별적 연기들로부터 구성된다. [영화]배우의 연기를 합성 편집이 가능한 일련의 에피소드

••
시계에 의한 시간의 측정을 그대로 이용할 수 있다는 것이 매우 특징적이다. 다른 여러 특징들보다도 바로 이러한 특징에서 한층 더 분명하게 확인될 수 있는 것은, 영화에서는 개개 소도구들이 경우에 따라 결정적인 역할을 맡을 수 있다는 사실이다. 여기서 불과 한 걸음만 내딛게 되면, 푸도프킨[옮긴이 주: 푸도프킨Pudowkin, 1893-1953은 소련의 영화감독이자 작가이다. 막심 고리키 원작으로 그가 감독한 장편 영화 「어머니」(1926)는 1905년 혁명의 좌절을 그린 것으로, 흔히 러시아 사회주의 리얼리즘의 효시가 되는 작품으로 평가된다. 『영화감독과 영화대본*Filmregie und Filmmanuskript*』이라는 책은 푸도프킨이 모스크바 영화학교에서 행한 강의들을 엮은 것이다. 이 책은 영화제작에 대한 최초의 이론적 논문들 중 하나이며, 시나리오 작법에서부터 카메라조작, 영화편집에 이르기까지의 방법론을 다루고 있다]이 말한 "어떤 대상과 결부되고 그 대상 위에 기초를 두는 배우의 연기야말로 항상 가장 강력한 영화적 조형방법의 하나이다" (W. Pudowkin, Filmregie und Filmmanuskript. [Bücher der Praxis, Bd. 5] Berlin 1928, 126쪽)라는 인식에 이르게 된다. 이렇게 해서 영화는 물질이 인간과 함께 작용하고 있음을 나타낼 수 있는 최초의 예술수단인 셈이다. 따라서 영화는 유물론적인 표현의 탁월한 도구일 수 있다.

들로 분해시키는 요인들로는 스튜디오의 임대료, 상대배우들의 기용가능 여부, 무대장치 등과 같은 우연적인 고려사항들도 있지만, 그 요인들 중 무엇보다 중요한 것은 기계장치의 기본적인 필연성이다. 특히 문제가 되는 것은 조명이다. 즉 조명장치를 설치해야 하는 사정 때문에, 스크린 위에서는 통일적인 신속한 흐름으로서 나타나는 듯한 사건의 묘사가 스튜디오에서는 몇 시간에 걸친 일련의 개별 촬영들에 의해 이루어질 수밖에 없다. 좀 더 알기 쉬운 몽타주에 대해서는 말할 필요도 없을 것이다. 예를 들면 창문 밖으로 뛰어내리는 장면을 스튜디오 안에서는 발판에서 뛰는 동작으로 촬영하고, 또 이에 연속되는 도주의 장면은 경우에 따라서는 몇 주 뒤에 야외에서 촬영할 수도 있다. 덧붙여서 이보다 더욱 역설적인 경우도 간단히 생각해볼 수 있다. 어떤 배우한테 주문하기를, 누군가의 문 두드리는 소리를 듣고 소스라치는 장면을 연기해보게끔 했다고 해보자. 이 소스라치는 연기가 생각대로 안 될 수도 있을 것이다. 그러한 경우 감독은 궁여지책으로 그 배우가 다음번 스튜디오에 도착했을 때 그에겐 알리지 않고 그의 등 뒤에서 총탄을 한 발 발사시킬 수도 있다. 이 순간에 배우가 깜짝 놀라는 모습을 촬영하여 영화 속에 끼워 넣는 것이다. 예술이 번성할 수 있는 유일한 영역으로 오랫동안 여겨져 왔던 '아름다운 가상'[79]의 나라에서 예술이 이미 발을

뺀 상태임을 이보다 철저하게 나타내는 것은 달리 없다.

10

피란델로가 묘사하고 있듯이, 배우가 기계장치 앞에서 갖는 위화감은 인간이 거울에 비친 자신의 모습 앞에서 갖는 위화감과 같은 부류의 것이다. 그런데 이 거울상을 배우로부터 떼어내어 다른 곳으로 옮기는 것이 가능해졌다. 그것은 어디로 옮겨지는 것인가? 관객 앞으로이다.[80] 이에 대한 의식

---

79. '아름다운 가상'이라는 개념에 대해서는 『기술적 복제시대의 예술작품』 2판에 벤야민 자신의 상세한 각주가 붙어 있다. 본서의 부록 130-134쪽 참조.
80. [원주 20] 여기서 확인된 복제기술에 의한 전시방법의 변화는 정치의 세계에서도 드러난다. 오늘날 시민계급 민주주의의 위기 속에는, 정치인이 대중 앞에 모습을 나타내는 여러 주요 조건들의 위기도 포함되어 있다. 민주주의라는 것은 정치인이 자기 스스로를 직접적으로 다수의 대표자들 앞에 전시할 수 있는 조직이 되어 있다. 이 경우에는 의회가 이 정치인의 관중인 것이다! 그러나 녹음이나 촬영장치의 개량 덕분에, 연설이 한창 진행되는 중에 무수한 사람들이 그 연설자의 음성을 들을 수 있게 되었고 또 바로 그 이후부터 무수한 사람들이 그의 모습을 볼 수 있게 되었다. 이렇게 되면 당연히 정치인이 기계장치 앞에 전시된다는 문제가

은 한순간도 영화배우의 머리에서 떠나지 않는다. 영화배우는 기계장치 앞에 있는 동안에도 이제 자신이 관계하고 있는 상대는 결국은 시장을 형성하는 구매자 즉 관객임을 잘 알고 있다. 그는 자신의 노동력뿐만 아니라 자신의 몸과 마음 전체를 시장 자체에 양도하지 않으면 안 된다. 물론 그가 어떤 정해진 연기를 하고 있는 순간에, 이 시장이 무언가 명확한 모습을 띠고서 나타나는 일은 결코 없다. 그것은 마치 공장에서 제조되는 상품과 시장 간의 관계와 흡사하다. 피란델로가 말하듯이 기계장치 앞에서 배우를 엄습하는 저 가슴 죄이는 듯한 불안 역시 이 문제와 관계가 없지는 않을 것이다. 영화계는 아우라의 위축Einschrumpfen der Aura에 대항하기 위해 스튜디오 바깥에 인위적으로 '유명인personality'을 만들어낸다. 영화자본에 의

∙∙
크게 전면에 대두된다. 그리하여 의회는 연극의 극장과 마찬가지로, 인적이 줄어든다. 방송이나 영화는 직업적 배우의 기능을 바꾸었을 뿐만 아니라 그 앞에서 자기 자신을 연출하는 정치인의 기능 또한 변화시켜버린다. 이 변화의 방향은 영화배우의 경우나 정치인의 경우나 공히 전적으로 동일한 것으로, 그들의 직업상의 차이에 좌우되지 않는다. 그 방향은 특정한 사회적 조건 하에서 여러 기능들을 음미하고 그중에서 떠맡을 수 있는 것을 전시하는 것을 목표로 하고 있다. 그것은 새로운 선발방법, 즉 기계장치에 의한 하나의 선택을 이루어내며, 승자로서의 스타나 독재자를 등장시키는 것이다.

해 스타숭배가 장려됨에 따라 유명인[의 인격]이라는 저 마력이—물론 이 마력은 이미 오래전부터 인격의 상품적 성격이라는 부패한 마력 속에 존재했다—온존되고 있다. 영화자본이 주도권을 쥐고 있는 한에서 오늘날의 영화로부터 일반적으로 기대될 수 있는 유일한 혁명적 기능은 전통적 예술관에 대한 혁명적 비판의 추진뿐이다. 물론 오늘날의 영화가 특별한 경우에는 이러한 한계를 넘어서서 사회적 관계들이나 소유질서에 대한 혁명적 비판을 촉진할 수도 있음을 우리는 결코 부정하는 것이 아니다. 그러나 현대 영화이론의 중점은 거기에 있지 않고 또한 서유럽의 영화제작도 거기에 중점을 두고 있지 않다.

스포츠 기술Technik만이 아니라 영화의 기술과도 연관되어 있는 하나의 현상은, 영화의 기술이 내보이는 여러 성과들에 누구든지 반半전문가로서 참여하게 된다는 점이다. 자전거에 기대어 선 채 신문배달 소년들 한 무리가 자전거 경주 결과에 대해 이야기를 나누고 있는 데에 한 번이라도 귀를 기울여본 적이 있는 사람은 그러한 현상이 어떠한 의미인지를 이해할 것이다. 신문발행자가 신문배달 소년들을 위해 자전거 경기를 개최하는 것도 이유가 없는 것이 아니다. 그것은 참가자들 사이에 대단한 흥미를 불러일으킨다. 이 경기에서의 우승자는 신문배달부에서 일약 경륜선수로 떠오르는 기회를 잡는 것이다. 이와 마찬가지로 예컨대 주간뉴스영화는 누구든 간에 지나가는 행인이 영화의 엑스트라가 되는 기회를 부여하고 있다. 이와 같이 누구나 기회가 주어질 경우 예술작품 속에 얼굴을 내밀 수 있게 된 것이다——[이와 관련해서는] 베르토프의 「레닌의 세 가지 노래」[81]나 이벤스의 「보리나쥬」[82]를 떠올려 보면 좋을 것이다. 영화에 출연한다는 것은 오늘날에는 누구에게나 가능한 요구이다. 이 요구를 가장 명료하게 알려주는 것은 현재의 저작 출간의 역사적 상황에 대한 조망이다.

수 세기 동안 문필과 저작의 세계에서는 소수의 집필자들이 그 수천 배가 넘는 독자들을 상대하는 상태가 계속되고 있었다. 그러나 지난 세기 끝 무렵에 하나의 변화가 생겼다.

· ·
81. 지가 베르토프Dziga Vertov, 1896-1954는 러시아의 영화감독으로서, 영화의 혁명적 예술로서의 가능성을 다큐멘터리 영화를 통해 나타냈다. 1934년 발표한 「레닌의 세 가지 노래」는 레닌에 대한 귀중한 필름들을 사용하여 감동을 주었다.
82. 이벤스Ivens의 「보리나쥬Borinage」: 요리스 이벤스Joris Ivens, 1898-1989는 네덜란드의 기록영화 감독이다. 세계 각지에서 주로 건설적·생산적인 제재를 다룬 기록영화를 만들어 미국의 R. J. 플라허티와 함께 초기 다큐멘터리 영화작가의 쌍벽을 이룬다. 1933년 그가 감독한 영화 「보리나쥬의 비참Misère au Borinage」은 벨기에 남부의 산업도시 보리나쥬에서 일어난 두 달에 걸친 노동자투쟁을 담은 것으로, 영화사에서 가장 중요한 정치영화 중 하나로 꼽힌다.

그것은 신문의 급속한 보급이다. 그리고 신문이 끊임없이 새로운 정치적, 종교적, 학술적, 직업적, 지역적 독자조직들을 장악함에 따라 점점 더 많은 독자들이—처음에는 극히 산발적이었지만—집필자의 대열에 합류했다. 이와 동시에 일간신문들도 '독자투고란'을 일반적으로 개방하기 시작했고, 오늘날에는 노동에 종사하는 자로서 원칙적으로 어디에서든 겪기 마련인 노동경험, 이의제기, 르포르타주 등을 발표할 기회를 찾을 수 없는 경우란 유럽에는 거의 없다시피 하다. 이리하여 작가와 대중이 그 근본적인 차이를 상실하고 있다. 양자의 구별은 단지 기능상의 차이에 불과하고 경우에 따라 얼마든지 역할이 뒤바뀔 수 있게 되었다. 독자는 언제든 집필자가 될 수 있는 것이다. 고도로 특수화된 노동과정 속에서 좋든 싫든 전문가—비록 하찮은 업무를 보는 전문가라 할지라도—가 되지 않을 수 없었던 독자는 이제 어쨌든 전문적인 필자의 길을 얻게 된다. 소련에서는 사실 노동 자체가 발언하기 시작하고 있다. 노동을 언어로 표현하는 것이 실무에 필요한 능력의 하나가 된다. 글을 써내는 자격의 기초는 더 이상 특수교육에 있지 않고 종합기술교육[83] 내에 있으며, 이리하여

..
83. 종합기술교육: 교육과 생산노동의 결합을 도모하고 산업기술의 기초를 종합적으로 학습시킴으로써 인간의 전체적 발달을 꾀하려

이 자격은 모든 이들의 공유재산이 된다.[84]

•• 는 것으로, 소련 및 사회주의 각국에서는 이를 의무적인 보통교육의 일환으로서 실천하였다.

84. [원주 21] 여기서 문제가 될 법한 각각의 기술이 갖는 특권적 성격은 지금은 소멸되어 있다. 올더스 헉슬리Aldous Huxley는 다음과 같이 쓰고 있다. "기술적 진보는… 저속한 것으로 향하게 되었다. … 기술적 복제가능성과 윤전기인쇄에 의해, 문서나 이미지를 무수히 복사해내는 일이 가능해졌다. 학교교육의 보급과 비교적 높은 임금 수준이, 글을 읽을 줄 알고 또 읽을거리와 이미지자료를 구매할 수 있는 대단히 많은 공중을 만들어냈다. 또한 이러한 자료를 제공하기 위해, 커다란 회사들이 설립되었다. 하지만 예술적 재능을 지닌 자들은 극히 한정되어 있다. 그 결과 어떠한 시대 또 어떠한 장소에서든 예술적 창조는 대부분 가치 없는 졸작들을 양산해왔다. 그러나 오늘날, 예술적 창조 전체에서 조악한 것들이 차지하는 비율은 과거 그 어느 때보다도 커지고 있다. … 여기서 우리가 살펴보고 있는 것은 간단한 산술의 문제이다. 지난 세기 사이에 서유럽의 인구는 두 배 이상으로 증가했다. 그런데 문자나 이미지를 담은 문서는 적어도 20배, 경우에 따라서는 50배 또는 100배까지 늘어나 있지 않을까 추산된다. x백만의 사람들 가운데 예술적 재능을 가진 사람이 n 명 있다고 한다면, 2x백만의 사람들 가운데서는 예술적 재능을 가진 사람이 대략 2n 명 있게 될 것이다. 이 상황은 다음과 같이 요약될 수 있다. 즉 백 년 전에 문자나 이미지를 담은 문서가 1페이지 출판되었다고 한다면, 오늘날에는 그에 비해 100페이지까지는 아니더라도 20페이지의 출판이 이루어지는 셈이다. 다른 한편, 백 년 전에 예술적 재능을 가진 사람이 한 명 존재해 있었다고 한다면, 오늘날에는 그에 비해 두 명이 존재한다는 얘기

이상의 모든 점은 그대로 영화의 세계에 적용시킬 수 있다. 다만 문학이 수백 년을 필요로 했던 여러 추이와 변화를 영화는 십 년 만에 실현해냈다. 즉 영화의 실천Praxis에서——특히 러시아 영화에서——이러한 추이가 이미 부분적으로 실현되어 있다. 러시아 영화에서 보게 되는 배우들 중 일부는 보통의

· ·
이다. 물론 예전 같으면 그 재능을 충분히 펼칠 수 없었던, 잠재적 능력을 지니는 다수의 사람들이 오늘날에는 학교교육에 힘입어 생산적 활동을 하게 되었다는 가능성은 인정될 수 있다. 그렇다면 다음과 같이 가정해보자. 예술적 재능을 가진 예전의 한 명에 대해서, 오늘날에는 그런 사람이 세 명 또는 네 명이 있다고 말이다. 그럼에도 불구하고 문자나 이미지를 담은 자료의 소비는 재능 있는 문필가나 재능 있는 화가의 자연적인 탄생 수효보다 훨씬 상회하고 있음은 의심의 여지가 없다. 청각과 관계된 자료에 있어서도 사정은 다르지 않다. 경제적 번영, 축음기나 라디오가 대중에게 활기를 불어넣고 있거니와, 여기에서도 청각적 소재[들을 거리]에 대한 [대중적] 소비는 인구의 증가나 그에 따른 재능을 가진 음악가의 자연적 증가의 폭을 월등히 뛰어넘고 있다. 따라서 모든 예술들에서 절대적으로도 또 상대적으로도 조악한 것들의 생산이 예전보다 훨씬 많아지는 결과를 낳고 있다. 그리고 오늘날과 같이 문자나 이미지자료, 들을 거리 등에 대해 과도한 소비를 계속하는 한, 사태는 동일한 상황을 면치 못할 것이다." (Aldous Huxley, 『겨울 유람선 여행——중앙아메리카 여행*Croisière d'hiver. Voyage en Amérique Centrale*』 (1933) [쥘 카스티에 옮김Traduction de Jules Castier]. Paris 1935, 273-275 쪽). 이러한 고찰방식은 명백히 진보적이지 않다.

이른바 배우가 아니라——우선 무엇보다도 그 노동과정 속에서——자기를 표현하고 있는 사람들이다. 서구에서는 자기 자신의 모습을 재현하고 싶다는 정당한 요구가 영화의 자본주의적 착취에 의해 무시되고 있다. 이러한 사정 하에서 영화산업은 오로지 황당무계한 공상이나 의심스러운 사변에 의해 대중의 관심을 불러일으키는 데에 혈안이 되어 있을 뿐이다.

11

영화촬영, 특히 유성영화의 촬영은 과거에는 결코 어디에서도 볼 수 없었던 [새로운] 현상을 제공한다. 그것은 바로 촬영이 진행되는 과정 [및 그 촬영 공간] 내에서는 어떠한 독립된 위치도 주어질 수 없다는 점이다. 예컨대 촬영기구나 조명장치, 보조스태프 등등은 연출 자체에는 직접 속해 있지 않지만, 구경꾼의 시야 속에는 이 모든 부속요소들이 전부 포착되고 있는 것이다(만약 이 구경꾼의 눈동자 위치가 카메라의 렌즈 위치와 일치한다면, 상황은 좀 다르게 되겠지만).[85]

..
85. 벤야민은 여기서 한창 진행 중인 영화촬영의 모습 전체를 지켜보는 구경꾼을 상정한다. 이 구경꾼의 시야에서 보자면, 촬영 공간 내에

다른 어떠한 점보다도 바로 이 같은 사정이 영화스튜디오의 현장과 연극무대의 장면 사이에 존재하는 여러 유사성들을 극히 표면적이고 사소한 것으로 만들어버린다. 기본적으로 연극에서는 무대 위의 사건이 환영幻影임을 즉각 깨닫지 못하게 하는 경우가 더러 있다. 그에 반해 영화의 촬영현장에서는 그러한 경우란 존재하지 않는다. 영화가 갖는 환영적 성격이란 이차적으로 획득된 것이다. 그것은 필름편집의 결과이다.[86] 다시 말하면 영화촬영에서 현실을 순수하게 비추어내는 시점視點, Aspekt, 즉 기계장치라는 이물질로부터 벗어난 시점이란, 어떤 특수한 처리——이를 위해 특별히 설치된 카메라로 촬영한 것을 다시 같은 종류의 다른 촬영필름과 합쳐서 몽타주한 것——의 결과로 생겨난 것인바, 영화스튜디오에서는 이러한 식으로 기계장치가 현실 속에 깊이 침투되어 있는 셈이다. 기계장치로부터 해방된 듯한 현실감

··
    있는 카메라라든가 조명장치, 녹음기기, 그리고 이것들을 조작하고 움직이는 스태프들 모두는 연기가 진행되고 있는 한정된 장소 주위를 수시로 들락날락한다. 이 점에서 영화스튜디오라는 촬영공간에서는, 연극의 무대에서와는 달리, 연기를 행하는 배우들만의 '독립된 위치'라는 것이 존재할 수 없다.

86. 영화가 갖는 환영적 성격은 연기가 이루어지는 현장에서 형성되는 것이 아니라 촬영 이후 여러 필름들을 몽타주하는 과정에서 생겨나는 것이다.

넘치는 영상 자체가 실은 가장 인공적인 것이 되어 있다.[87] 그리하여 직접적 현실을 조망하는 일은 기술의 나라에 핀 푸른 꽃[88]이 되었다.[89]

연극의 경우와는 두드러진 대조를 이루고 있는 영화의

- -
87. 영화제작에서는 몽타주 등의 편집과정을 통해 기계장치로부터 해방된 듯한 리얼리티 충만한 영상을 재구성해내지만, 이 기계장치로부터 벗어난 듯한 영상 자체가 실은 기계에 의한 인공적 산출의 결과물이다.
88. '푸른 꽃'은 초기 독일 낭만주의 작가 노발리스의 장편소설 『하인리히 폰 오프터딩겐*Heinrich von Ofterdingen*』(1802)의 다른 제목이기도 하다. 이 소설의 주인공 하인리히 폰 오프터딩겐은 한 나그네로부터 '푸른 꽃'의 전설을 들은 뒤 꿈속에서 그 푸른 꽃을 보게 된다. 이후 시와 철학을 배우기 위해 여행을 떠난 그는 다양한 사람들을 만나 성숙해지고, 드디어 스승 클링스오르의 딸 마틸데를 만난다. 그는 꿈에서 본 푸른 꽃의 소녀가 마틸데였음을 깨닫는다. 클링스오르는 둘의 결합을 축하하며, 긴 동화를 들려준다. 이 소설은 비록 미완성으로 끝나지만, 하인리히가 그토록 찾아 헤매는 '푸른 꽃'은 훗날 독일 낭만주의의 표징이자 애타게 원함에도 손에 넣을 수 없는 것의 상징이 되었다.
89. 현실 자체를 직접적으로, 즉 어떠한 매개 없이 조망한다는 것은 영화라는 기술의 나라에서는 결코 도달될 수 없는 이상이 되고 있다는 의미이다. 카메라에 의한 촬영과 필름편집의 과정 등은 이미 직접적인 '생의 현실'로부터 멀어지고 있다. 하지만 영화인은 역설적으로 이러한 현실 자체를 재현하고자 하는 점에서, 영화제작의 숙명적 성격은 모종의 유토피아적인 '푸른 꽃'이 되는 셈이다.

이러한 사정을 회화의 경우와 비교해보면, 한층 더 시사하는 바가 많게 된다. 여기에서 우리는 촬영기사Operateur와 화가의 관계는 어떠한 것인가라는 물음을 던져볼 필요가 있다. 이 물음에 답하기 위해 하나의 보조개념, 즉 외과의학에서 흔히 통용되는 외과[수술]의사Operateur, 집도의(執刀醫)라는 **똑같은** 용어를 빌려오기로 하자. 외과의사는 어떤 의미에서 주술사와 대극을 이루고 있다. 환자의 몸에 손을 얹음으로써 병을 낫게 하는 주술사의 태도는 환자의 몸속에 개입해 [수술을 행하는] 외과의사와는 다르다. 주술사는 자신과 환자 사이의 자연적 거리를 그대로 유지한다. 좀 더 정확히 말하면, 주술사는—[환부에] 손을 얹음으로써—환자와의 거리를 아주 약간 정도 좁히기는 하지만, 또한—자신의 권위에 의하여—이 거리를 크게 넓힌다. 외과의사의 방식은 이와 정반대이다. 외과의사는—환자의 몸속으로 개입함으로써—환자와의 거리를 상당히 좁힐 뿐만 아니라, 또한—그가 환자의 내부기관들 사이에서 손을 움직일 때의 신중함에 의해—이 거리를 아주 조금만 넓힌다. 요컨대 주술사와는 달리 외과의사는 (그에게도 아직 주술사와 공통적인 면이 남아 있지만) 결정적인 순간에는 환자에 대해 인간 대 인간이라는 관계를 취하는 것을 포기하고, 오히려 수술의사로서 환자의 몸속에 깊이 파고 들어가는 것이다.—주술사와 외과의사의 관계는 화가와 촬영기사의 관계와 같다. 화가는 작업할 때 대상과의 자연적인 거리를 관찰하는 데 반해, 촬영기사는 대상의 구조 속에까지 깊이 파고든다.[90] 이들 양자가 각기 획득해내는 이미지들은 엄청나게 다른 것이다. 화가가 만드는 이미지는 총체적인 하나의 이미지이고, 촬영기사가 만드는 영상은 여러 부분들로

90. [원주 22] 카메라맨의 예민한 작업은 실제로 외과수술에서의 예민한 작업과 비교될 수 있다. 뤼크 뒤르탱[옮긴이 주: 뤼크 뒤르탱Luc Durtain, 1881-1959은 프랑스의 시인·소설가·평론가이다. 파리의 의사 집안에서 태어나, 의술업을 이어받았다. 청년시절에 아베이 파派에 가담하는 한편, 많은 외국 여행을 경험하였다. 주요작품으로는 시집 「인간의 귀환」(1920), 「4 대륙」(1935), 소설 「붉은 샘」(1924), 「프랑크와 마르조리」(1934) 등이 있다]은 특수한 몸놀림을 필요로 하는 기능에 관해 서술하는 중에, "외과의사가 난이도가 높은 수술에 임할 때 필요한 몇몇 기능들"을 열거하고 있다. "나는 이비인후과의 한 예를 들고자 한다. … 이른바 비강 내의 퍼스펙티브 처리를 할 때라든가 또는 인후경에 비친 거꾸로 된 상像에 의지하여 인후수술을 행할 때의 곡예에 가까운 기능을 생각해볼 수 있다. 또는 시계공의 정밀작업을 연상시키는 귀 수술의 경우를 생각해도 좋다. 인간의 몸을 시술하거나 치료하려고 하는 의사에게 과연 얼마나 섬세한 일련의 근육 곡예가 요구되는가를 알기 위해서는, 이를테면 거의 액체상태의 생체조직과 강철이 서로 공방을 벌이는 듯한 백내장 수술이라든가 아랫배 오목한 곳의 중요한 수술(개복술)을 상기하는 것만으로도 충분하다." (Luc Durtain, 「기술과 인간La technique et l'homme」, 『금요일Vendredi』, 13 mars 1936, No. 19).

잘게 쪼개어진 영상으로서, 이 영상의 부분들은 나중에 새로운 법칙에 따라 결합된다. 이와 같이 영화에 의한 리얼리티의 표현 쪽이 오늘날의 인간에게 [회화와는] 비교가 안 될 정도로 중요한 것이 되어 있는 것은, 이 영화의 리얼리티 표현이 바로 현실과 기계장치 간의 극히 강력한 상호침투에 의거함으로써 기계장치조차 더 이상 제약이 되지 않는 그러한 현실 파악의 시점視點, Aspekt──오늘날의 인간은 예술작품에 대해 이러한 시점을 요구할 만한 정당한 권리를 갖고 있다──을 제공하고 있기 때문이다.

12

예술작품의 기술적 복제가능성은 예술에 대한 대중의 관계를 변화시킨다. 예를 들면 피카소의 것과 같은 그림에 대해서는 지극히 후진적 태도를 보이던 대중이 채플린의 영화를 볼 때에는 지극히 진보적인 태도로 급변하는 것이다. 이 경우 진보적인 태도의 특징은, 작품을 보거나 체험하는 [미적] 즐거움이 전문적 비평가의 태도와 직접적으로 그리고 밀접하게 결합되어 있다는 점이다. 이러한 결합은 하나의 중요한 사회적 징후이다. 즉 어떤 예술의 사회적 의의가 감소하면 할수록, 공중公衆의 비판적 태도와 향수적享受的 태도는──회화 감상의 경우에 명료하게 드러나

듯이—더욱더 서로 분리된다. 그렇게 되면 전통적인 것이 무비판적으로 향수되는 한편, 진정 새로운 것은 반감을 얻어 비판된다. [반면] 영화관에서는 관객의 비판적 태도와 향수적 태도가 서로 일치한다. 그런데 여기에서 결정적인 중요성을 갖는 점은, 개개인의 반응들의 총합이 관객 전체의 반응을 형성하는 것이긴 하되, 개개인의 반응들을 그 직접적인 결과인 집단의 반응에 의해 처음부터 강력하게 제약하는 곳은 영화관 이외 그 어디에도 없다는 사실이다. 그리하여 이들 집단의 반응이 바깥으로 알려지면, 그것에 의해 관객 개개인의 반응은 서로를 제어한다. 여기에서도 회화와의 비교가 도움이 된다. 회화는 항상 한 사람 내지 소수의 사람에 의한 감상을 특별히 요구해왔다. 많은 관객들에 의한 회화의 동시적 감상도 19세기에 이르러 이루어졌지만, 이는 회화의 위기에 대한 예고에 불과했다. 회화의 위기가 초래된 것은 결코 사진에 의해서만이 아니라, 오히려 사진과는 비교적 무관하게 예술작품이 대중을 요구하기 시작한 데 따른 것이었다.

확실히 회화는 집단적 수용을 동시에 행하는 대상으로는 적합하지 않다. 집단적 수용의 대상으로 적합한 것은 예로부터 건축이었고 고대에는 서사시였으며, 현대에는 영화가 그러하다. 물론 이런 사정으로부터만 회화의 사회적 역할에 대한 결론을 곧장 이끌어낼 수는 없다. 그러나 회화가 특별한 상황 때문에 그리고 이른바 자신의 본성에 반하여, 대중과 직접적으로 대면하게 되는 순간에는, 위에서 말한 사정이 중대한 제약이 되어 중요성을 갖게 된다. 중세의 교회나 수도원 그리고 18세기 말까지의 궁정에서는 회화가 집단적으로 수용되기는 했으나, 이는 결코 동시적으로가 아니라 몇몇 단계들을 거치면서 신분상의 서열이 개입되는 방식으로 이루어졌다. 이 점에 변화가 일어났다고 한다면, 그것은 회화가 말려들게 된 특수한 갈등이 표출된 데 따른 것으로, 이 갈등의 원인은 그림이 기술적으로 복제가능하게 된 데에 있었다. 그 후 회화를 화랑이나 살롱에서 대중 앞에 전시하려고 하는 시도가 이루어졌지만 그럼에도 대중이 이러한 수용에서 스스로 자기 자신을 조직하고 컨트롤할 수 있는 길은 존재하지 않았다.[91]

..
91. [원주 23] 이러한 고찰방식은 진부한 느낌을 줄지도 모른다. 그러나 위대한 이론가 레오나르도 자신이 보여주고 있듯이 진부한 고찰방식들이 그 시대와 더 잘 결합될 수도 있다. 레오나르도는 회화와 음악을 비교하여 이렇게 말한다. "회화는 일단 거기에 생명이 불어넣어져 있기만 하면, 불행한 음악의 경우와는 달리 이제부터는 사멸할 필요가 없다. 따라서 회화는 음악보다 뛰어나다. 일단 완성되자마자 곧바로 도망쳐 가버리는 음악은, 니스 칠을 해 영원한 것이 된 회화보다 열등하다." ([Leonardo da Vinci, 『문학 및 철학 단편*Frammenti letterarii e filosofici*』]. Fernand Baldensperger, 「1840년 이후 서구문화의 기교 회복Le raffermissement des technique dans la littérature

그로테스크 영화[92] 앞에서 진보적인 반응을 보이는 관객이 초현실주의 회화[93] 앞에서는 보수적인 반응을 보이는 것은 이러한 사정에 의한 것이다.

13

영화의 특징은, 촬영장치 앞에서 인간이 자기를 표현하는

• •
occidentale de 1840」, 『비교문학연구Revue de Littérature Comparée』, XV/I, Paris 1935, 79쪽 [주 1])에서 재인용.

92. 그로테스크 영화는 영화가 처음 발명되고 나서 유행했던 불과 몇 분짜리 영화들로서, 코믹하거나 그로테스크한 표현과 불합리한 이야기를 담고 있다. 이들 영화에는 제1차 세계대전 후의 사회불안과 계급대립, 기계문명의 흐름 등에 맞서 전통적 미학과 도덕을 파괴하고 새로운 인간 주체를 회복하려는 표현이념이 깃들어 있다.

93. 초현실주의Surrealismus는 다다이즘에서 생겨나 1924년 파리에서 앙드레 브르통André Breton, 1896-1966에 의해 확립된 문학적·예술적 아방가르드 운동이다. 초현실주의자들의 목적은 예술과 현실, 꿈과 실재 간의 경계를 지양하는 것이었다. 초현실주의 회화에는 거의 대체로 그로테스크한 경향이 나타나며, 이는 특히 달리, M. 에른스트, A. 마슨, R. 마그리트, P. 데르보, L. 쿠토, 브라우넬, 스완베르크 등의 작품들에 현저하다.

방식 속에 나타날 뿐만 아니라 촬영장치의 힘을 빌려 주변세계를 표현해내는 방식 속에서도 나타난다. 이 기계장치가 갖는 테스트 능력은 적성심리학Leistungspsychologie을 일별해보면 분명해질 것이다. 그 능력은 또한 정신분석학[94]에 대한 일별을 통해 또 다른 측면에서 설명될 수도 있다. 영화는 실제로 다양한 방법으로 우리의 인지세계를 풍부하게 해왔지만, 이들 방법은 프로이트 이론의 방법에 의거해 설명될 수 있다. 50년 전만 해도 대화 중의 실수행위[95][라는 현상]은 대체로 그저 슬쩍 지나쳐버리기 일쑤였다. 이제까지 피상적으로 진행되고 있다고 여겨졌던 대화의 흐름 가운데서 그러한 [언어적] 실수 덕분에 돌연 심층적 전망이 열린다는 사실은 [과거의 경우였다면] 물론 예외적인 일로 치부되었을 것이다. 그러나 『일상생활의 정신병리학』[96] 이후, 사정은 변화했다. 이 책은, 지금까

..
94. 여기서 정신분석학은 정신의 심층, 즉 무의식에 관계되는 행동에 관한 관찰과 분석을 통하여 이론적 체계를 세운 오스트리아의 정신과 의사이자 철학자인 지그문트 프로이트Sigmund Freud, 1856-1939의 학설을 가리킨다. 벤야민은 프로이트의 이론에서 나온 핵심개념들(충동, 무의식, 억압, 쇼크 등)을 거듭 원용한다.
95. 무언가를 말하려고 했는데 그것 대신에 다른 말이 불쑥 튀어나오는 식의 말실수로서, 이는 프로이트에 따르면 무의식의 발로이다.
96. 이 책은 프로이트의 저작들 중 대중적으로 가장 많이 알려진 것으로, 1901년 잡지에 처음 발표되었다. 1904년에 단행본으로도 출간

지 지각내용의 광범한 흐름과 함께 부지중 떠내려가고 있었던 [무의식적] 사태들을 분리해내고 또한 분석 가능하게 했다. 영화도 또한, 시각적 인지세계 그리고 오늘날에는 새로이 청각적 인지세계의 영역 전체에 걸쳐 이에 못지않은 통각[97]의 심화를 가져오고 있다. 영화가 보여주는 [화면의] 성과들이 회화나 연극무대에서 제시되는 성과들에 비해 훨씬 더 정확하고 훨씬 더 많은 관점에서 분석가능하다는 것은 [영화에 의한 통각의 심화라는] 이러한 현상의 이면裏面일 뿐이다. 회화에 비해 영화에서 표현되는 [화면의] 성과가 훨씬 커다란 분석가능성을 이루고 있는 원인은 비교할 수 없을 만큼 정확한 그 상황묘사력에 있다. 또한 연극무대에 비해 영화의 화면이 훨씬 커다란 분석가능성을 낳고 있는 원인은 영화가 갖는 보다 고도의 분리 능력에 있다. 이러한 사정으로부터——그리고 이

• •

되어, 이후 유럽 사상계에 지대한 영향을 끼쳤다. 프로이트는 여기서 주로 건강한 사람들의 일상생활에서 빈번하게 일어나는 다양한 실수와 착오행위를 새로운 각도에서 심리학의 대상으로 다루고 있다.

97. 통각統覺, Apperzeption: 이 개념은 감각적 지각과 정신적 지각의 공동 작용에 의해 하나의 대상을 습득하는 것을 가리킨다. 벤야민은 이 개념을 통상 '지각Wahrnehmung' 및 '수용Rezeption' 개념과 명확한 구분 없이 동일한 의미로 사용한다.

점이야말로 영화의 주요한 의의에 다름 아니다—예술과 과학의 상호침투를 촉진하는 경향이 생겨난다. 사실 어떤 특정한 상황 속에서 인간의 동작이—마치 인체 근육의 표본처럼—말끔하게 표본화되는 예는 영화를 빼놓고는 달리 있을 수 없다. 즉 영화만큼 예술적 가치나 과학적 활용가능성에 의해 우리를 강력하게 매료시키는 것은 없다. 사진의 경우에는 그 예술적 활용과 과학적 활용이 이제까지 대체로 서로 다른 것으로서 여겨져 왔지만, 이 양자를 동일한 것으로 인식시키는 점이야말로 영화의 혁명적 기능들 중 하나가 될 것이다.[98]

- -
98. [원주 24] 이 상황에 대한 유사한 예를 찾고자 한다면, 무엇보다 르네상스 회화에서 지극히 시사점이 많은 사례를 발견할 수 있다. 거기에서는 예술이 일련의 새로운 과학들이나 과학이 가져온 새로운 사실들을 집약하고 있거니와 바로 이 점에 예술이 갖는 유례가 없는 비약과 중요성의 근거가 적지 않게 숨어 있었던 것이다. 르네상스 회화는 해부학이나 원근법, 수학, 기상학, 색채론 등을 필요로 했다. "레오나르도 같은 인물의 이상한 요구만큼 우리에게 낯선 것은 없을 것이다"라고 발레리는 쓰고 있다. "레오나르도에게 회화는 인식의 최고 목표이자 궁극적 예증이었다. 회화는 그의 확신에 따르자면 전지적全知的인 성격을 요구하고 있었고 그 자신 또한 [회화에 요구되는] 어떠한 이론적 분석도 두려워하지 않았다. 반면 오늘날의 우리는 이러한 분석에 대해 그 깊이와 엄밀함 때문에 당황하는 상황에 놓이곤 한다." (Paul Valéry, 『예술논집Pièces sur l'art』, 앞의 책 (S. 12), 191쪽, 「코로에 대해Autour de Corot」).

영화는 다양한 대상들을 클로즈업하거나 우리에게 친숙한 대상들의 숨겨진 세부를 강조하거나 또는 대물對物렌즈를 자유자재로 사용하여 진부한 환경을 탐구해감으로써, 한편으로는 우리의 생활을 지배하고 있는 필연성들에 대한 통찰을 증대시키며, 다른 한편으로는 지금까지 예상도 할 수 없었던 엄청난 유희공간Spielraum을 우리에게 약속하는 것이다! [영화가 등장하기 전에는] 우리의 술집과 대도시의 거리, 우리의 사무실과 가구가 비치된 방, 철도역과 공장들이 하나같이 우리를 절망적으로 가두고 있는 것만 같았다. 바로 거기에 영화가 출현하여 이 감옥 같은 세계를 [고속촬영에 의한] 10분의 1초의 다이너마이트로 폭파시켜버렸다. 그 결과 이제 우리는 사방으로 흩어진 세계의 파편들 사이에서 유유히 모험여행을 하고 있는 것이다. 클로즈업에 의해 공간은 확대되고, 고속촬영[즉 슬로모션]에 의해 운동이 그 폭을 넓혔다. 사물을 확대하는 경우에 중요한 점은 단지 그것이 '지금까지' 어렴풋하게 보이던 것을 명확하게 한다는 것만이 아니다. 오히려 그것은 물질의 전적으로 새로운 구조를 전면에 드러내는 것이다. 이와 마찬가지로 슬로모션도 단지 모두가 알고 있는 운동양상들을 드러내는 것만이 아니다. 그것은 오히려 익히 알려져 있는 이 양상들 속에서 미지의 양상을 발견해내는 것이다. 즉 그것은 "신속한 움직임들을 완만하게 보이게끔 하는 것이 아니라,

미끄러지거나 떠다니는 듯한, 이 세상 것이 아닌 듯한 독특한 인상을 자아낸다."[99] 이리하여 카메라에게 말을 거는 자연은 육안에게 말을 거는 자연과는 다른 것이라는 점이 명확해진다. 무엇보다도 다른 점은, 인간의 의식에 의해 작용되던 공간 대신에 무의식 하에 작용된 공간이 들어선다는 사실이다. 극히 대략적으로나마 일상 속에서 우리가 사람들의 걸음걸이에 대해 납득하고 있다고 할지라도, 발을 내딛는 순간의 몇 분의 일초의 자세에 대해서는 확실히 알고 있지는 않다. 우리가 라이터나 숟가락을 잡는 경우 그것은 대개 우리에게 손에 익은 동작에 지나지 않지만, 그럼에도 그때 손과 금속 사이에서 과연 어떠한 작용이 일어나고 있는지를 우리는 거의 알고 있지 못하다. 하물며 그것이 얼마나 우리의 다양한 기분에 의해 동요하는 것인가에 대해 우리는 전혀 알고 있지 않다. 바로 이곳으로 카메라가 다양한 보조수단들, 가령 카메라 각도의 상하조절, 컷백과 플래시 백,[100] 고속도 촬영과 저속도 촬영, 업숏과 롱숏[101] 등을 통해 개입해간다. 우리는, 정신분석

..
99. [원주 25] Rudolf Arnheim, 앞의 책, (S. 31), 138쪽.
100. 컷백cutback은 관련이 있는 두 장면을 서로 대조시키면서 줄거리를 발전시켜 가는 기교를 말하며, 플래시 백flash back은 상영 중 잠시 다른 장면으로 갔다가 다시 되돌아오는 기교를 뜻한다.
101. 업숏up shot은 사진이나 영화촬영에 있어서 피사체를 아래에서

학에 의해 비로소 무의식적인 충동의 세계를 알 수 있듯이, 영화에 의해 비로소 무의식적인 시각의 세계를 알게 되는 것이다.

14

예로부터 예술의 가장 중요한 과제들 중 하나는 [나아갈 시대보다 한 발 앞선 수요, 즉] 아직 그 완전한 충족의 시기가 도래해 있지 않은 그러한 수요를 만들어내는 일이었다.[102] 어

・・

위로 쳐다보면서 촬영하는 것을 말하거나 근거리 촬영으로 피사체를 가까이서 찍는 것을 말한다(후자는 클로즈업 숏close up shot이라고도 불린다). 롱숏long shot은 피사체 전체를 넓게 잡아주는 촬영 방식을 말한다.

102. [원주 26] "미래로부터의 반사에 의해 전율이 느껴지는 한에서만 예술작품은 가치를 갖는다"라고 앙드레 브르통은 말한다. 사실, 모든 완성된 예술형식은 이런 의미에서 세 가지 발전경로의 교점 위에 놓여 있다. 즉 첫째로, 기술이 일정한 예술형식을 지향하는 경로이다. 영화가 등장하기 이전에는 [연이은 동작들의 시각상이 나타나는] 사진첩이라는 것이 있었다. 이것은 엄지손가락으로 누르면서 들여다보면 사진들이 빠르게 지나가면서 복싱이나 테니스 시합을 보여주었다. 시장이 서는 광장에서는 핸들을 돌리면 사진들이 움직이기 시작하는 자동기계가 있었다.──둘째로, 종

래의 예술형식들이 일정한 발전단계에 도달하게 되면 그것은 새로운 예술형식에 의해 장차 어려움 없이 실현될 만한 효과들을 진지하게 목표로 삼기 시작한다. 영화가 보급되기 전에 다다이스트들은 여러 실험들을 행하는 가운데, 후에 채플린이 보다 자연스러운 방법으로 만들어내게 되는 운동을 대중 속으로 가져오고자 했다.──셋째로는 그다지 눈에 띄지 않는 사회적 변화들이 언젠가는 새로운 예술형식을 위해 도움이 되도록 [예술작품의] 수용 방식의 변화를 목표로 하는 것이 있다. 영화가 대중 속에 보급되기 이전에는, 카이저 파노라마Kaiserpanorama[옮긴이 주: 카이저 파노라마는 25명이 동시에 입체경을 통해 3D 포토카드를 순차적으로 감상할 수 있게끔 한 일종의 오락매체이다. 아우구스트 푸어만August Fuhrmann이 1880년에 베를린의 카이저파사쥬Kaiserpassage에서 처음 선을 보인 뒤, 1910년경 유럽에는 대략 250여 개의 분점들이 생겨났다. 이 장치는 보통 커다란 원통 장치에 붙은 렌즈구멍을 통해 안을 들여다보면, 3D 효과를 주는 입체상들이 회전하면서 보이는 구조로 되어 있다. 제공된 이미지들은 대체로 세계 곳곳의 구경거리나 진기한 풍경 등이었다. 벤야민은 1928년에 출간된 『일방통행로』(GS IV, 94-101쪽)와 1932년부터 쓰인 『베를린의 유년시절』(GS IV, 239-240쪽)에서 이 장치 이름을 따서 소제목을 붙였다]를 통해 (이미 정지 상태에 머물러 있지 않게 된) 활동사진들이 그 앞에 모여든 공중에게 수용되었다. 여기서의 관객은 [원통형] 칸막이 앞에 둘러앉아, 각자 거기에 설치되어 있는 쌍안사진경寫眞鏡, Stereoskop을 들여다보았다. 이 쌍안 사진경 너머로는 자동적으로 일련의 사진들이 보였는데, 사진 하나가 나타났다가 잠시 후 또 다른 사진이 나타나는 방식이었다. 에디슨도 극히 소수의 관객들 앞에서 최초의 필름 상영을 했을 때 (그 무렵은

떠한 예술형식의 역사에도 위기의 시기들이 있다. 그러한 시기에 기존 예술형식은, 기술의 수준이 변화된 이후에야 즉 새로운 예술형식이 도래해서야 비로소 얻게 되는 효과들을 목표로 돌진하는 것이다. 이와 같이, 특히 이른바 쇠퇴기에 생겨나는 과도하고 조야한 예술표현들은 실은 예술의 가장 풍부한 역사적 힘들의 중심으로부터 나타나는 셈이다. 이러한 바바리즘적인 표현들은 최근의 다다이즘에서도 애호되었다.[103] 다다이즘의 격렬한 추진력이 어디에서 왔는가는 현재

..
    아직 스크린도 없었고 영사影寫방법도 알려지지 않았다), 이와 유사한 방법을 사용하지 않으면 안 되었다. 이 당시 관객들이 본 것은 장치 안에서 차례로 움직이는 일련의 사진들이었다.— 어떻든 이 카이저 파노라마라는 장치에는 발전의 변증법이 특히 명료하게 나타나 있다. 영화가 영상 관람의 방식을 집단적인 것으로 만들기 직전에, 개개인에 의한 사진 관람의 방식이 이 오락장(이것은 곧 급속히 쇠퇴했다)의 사진경을 매체로 하여 유행한 것이다. 마치 그것은 일찍이 신전 성소에서 사제가 신들의 상像을 바라볼 때와 같은 진지함을 띠고 행해졌다.

103. 다다이즘은 1916년 스위스 취리히에서 시작하여 독일 및 중부 유럽을 거쳐 1920년과 1923년 사이 프랑스 파리에서 전성기를 맞이했던 반문명, 반전통적인 예술운동을 가리킨다. 후고 발, 에미 헤닝스, 한스 아르프, 트리스탄 차라 등이 참여했다. 이들이 사용한 대표적인 예술 기법으로는 소리시Lautpoesie, 콜라주Collage, 프로타주Frottage, 파피에 콜레Papier Collar, 데페이즈망depaysment, 자

에 이르러 비로소 인식될 수 있다. 즉 다다이즘은 오늘날 대중이 영화 속에서 구하고 있는 효과들을 회화(내지 문학)이라는 수단을 통해 만들어내려고 시도했던 것이다.

근본적으로 새롭고 획기적인 수요를 만들어내는 작업이라는 것은 반드시 그 목표를 지나쳐버리기 일쑤이다. 다다이즘도 예외는 아니다. 이 운동은, 영화가 고도로 획득하고 있는 시장가치를 보다 중요한 의도들을 위해—물론 여기서 우리가 서술하는 식으로까지 그 의도들이 다다이스트들에게 자명하게 의식되었던 것은 아니지만—희생시키는 데까지 가버렸다. 다다이스트들은 자신들의 예술작품을 상업적으로 환산 가능하게 하는 쪽보다는, 그것을 관조적 침잠의 대상으로 여김으로써 오히려 매매될 수 없는 것이라는 쪽에 계속 무게를 두었다. 그들은 특히 예술작품의 소재를 근본적으로 무가치화함으로써 작품의 무용성을 획득하려고 했다. 그들의 시는 '말의 샐러드Wortsalat'와 같은 것으로, 여기에는 외설스런 표현들 그리고 상상으로만 가능한 언어상의 온갖 퇴락이 담겨 있다. 단추나 승차권을 갖다 붙인 그들의 회화도 예외는 아니다. 그들이 그러한 재료들로 이루어낸 바는, 작품이 산출하는 아우라를 가차 없이 파괴시키는 것이요, 바로 그 제작 수단을

⁎ ⁎

　　동기술법automatism 등이 있다.

통해 작품에 복제의 낙인을 찍는 일이었다. 아르프[104]의 그림이나 아우구스트 슈트람[105]의 시 앞에서는, 드랭[106]의 그림이나 릴케[107]의 시 앞에서와 같이 정신을 집중시켜 자신의 태도를 결정할 여유가 주어질 수 없다. 침잠Versenkung의 태도는

..
104. 한스 아르프Hans Arp, 1887-1966는 독일계 프랑스의 조각가이자 화가이다. 청기사靑騎士 운동, 다다이즘, 초현실주의, 추상파 단계인 '추상・창조' 그룹 가담 등 다양한 편력 끝에 독자적인 길을 찾아갔다. 회화에서 부조를 거쳐 환조에 이른 그의 조형작품들은 초현실주의와 추상주의의 중간인 유기적 추상의 형태를 통해, 탄력 넘치는 근원적인 인간의 생명력을 보여주었다.
105. 아우구스트 슈트람August Stramm, 1874-1915은 독일 표현주의 시인이자 극작가로서, 간단한 전보문체의 창시자이다.
106. 앙드레 드랭André Derain, 1880-1954은 프랑스의 화가이자 조각가, 무대장치가, 삽화가이다. 한때 야수파 운동의 선구적 인물이었으나 그 후 전통적인 양식으로 회귀하여 초기 이탈리아 화가를 비롯한 옛 거장들의 미술을 반영한 고전주의적인 화풍의 그림을 그렸다.
107. 라이너 마리아 릴케Rainer Maria Rilke, 1875-1926는 독일의 시인이다. 낭만적이고 신비적인 은유로 가득 찬 『시도시집時禱詩集, Das Stundenbuch』(1905)으로 유명해졌으며, 대작 『두이노의 비가』(1922)와 『오르페우스에게 부치는 소네트』(1922) 등을 남겼다. 그의 작품은 주로 인간 존재의 긍정을 희구하는 예술정신의 흔적을 보이고 있으며, 보들레르 이래 내면화의 길을 걸어온 서구시의 정점이라 일컬어지고 있다.

시민계급의 퇴화과정에서 비사회적 태도의 하나의 온상이 되었는데,[108] 이에 대항하는 사회적 태도의 한 변종으로서 등장해온 것이 정신 분산[기분전환]Ablenkung이라는 태도이다. 사실 다다이즘 선언은 예술작품을 스캔들의 중심점으로 삼음으로써 실로 격렬한 방향전환을 보증했다. 즉 예술작품은 무엇보다도 우선 공공의 분노를 유발시키도록 하라는 하나의 요구를 충족시키지 않으면 안 되었던 것이다.

다다이스트들에게서 예술작품은 그 매혹적인 외관이나 마법적인 음향에서 벗어나 하나의 포탄으로 변해버렸다. 그것은 관중들에게 떨어졌다. 그것은 말하자면 촉각적 성질을 획득했다.[109] 이 점이 영화에 대한 수요를 동시에 조성하게 하였

108. [원주 27] 이 침잠의 신학적인 전형은 자신이 신과 혼자 대면하고 있다는 의식意識이다. 시민계급의 위대한 시대에는 바로 이 의식에 입각하여, 교회의 후견을 떨쳐내 버리는 자유가 강화되어 있었다. 그러나 시민계급의 쇠퇴기에는 이 의식 역시, 개개인이 신과의 교류에 기울이는 힘을 공동사회의 사안으로 돌리려고 하는 은연중의 풍조에 젖어들지 않을 수 없었다.
109. 다다이즘의 작품들은 시각이나 청각 등의 개별적인 감각에 작용할 뿐만 아니라 신체 전체에 직접 닿는 듯한 느낌, 즉 충격을 가져다주는 느낌을 수반하고 있다. 그러한 느낌을 벤야민은 여기서 '촉각적 성질taktische Qualität'이라고 표현한다. 따라서 이때의 '촉각적'이라는 의미는 단순히 촉각과 관계된 감각만을 뜻하는

다. 왜냐하면 영화의 정신 분산적 요소도 주로 촉각적 성질을 띠고 있기 때문이다. 즉 그것은 장면이나 화면의 빠른 전환에 기초를 두고 있으며, 이는 관객을 향해 간헐적으로 엄습해온다. 여기에서 영화의 스크린과 회화의 캔버스를 비교해보자. 후자는 관객을 관조로 이끌고 연상작용에 몰두하게 한다. 영화의 경우, 그것은 불가능하다. 하나의 화면을 눈에 담았다고 생각할 때, 이미 화면은 바뀌어 있다. 영화의 화면은 고정될 수 없는 것이다. 뒤아멜[110]은 영화를 혐오하고 영화의 의의를 인정하고 있지는 않지만 영화의 구조에 대해서는 상당한 이해를 갖고 있었고 이러한 사정을 메모로 적고 있다. "내가 생각하

    것이 아니라 직접 신체에 물리적으로 접촉된 감각, 그리고 더 나아가 충격이나 타격 같은 의미도 포함되어 있다. 아울러 '촉각적'이라고 옮긴 'taktisch'는 본래 '접촉', '촉각', '충격', '진동'이라는 의미의 라틴어 'tactus'에서 파생된 표현이다.

110. 조르주 뒤아멜Georges Duhamel, 1884-1966은 프랑스 작가이자 소설가이다. 제1차 세계대전 때에는 전선에서 외과군의관으로 복무했다. 비인간적인 전쟁을 비판하는 소설『순교자들의 삶』(1917),『1914-1917년의 문명』(1918, 공쿠르상 수상)을 발표하였다. 뒤이어 대하소설『파스키에가※의 기록』(10권, 1933-1944)에서는 한 가족의 역사를 통해 20세기 초두의 수십 년에 걸친 프랑스 사회를 묘사하였다. 이외에도 자기 아이들의 모습을 그린『즐거움과 유희』(1922), 물질문명을 비판한『미래생활의 풍경』(1930) 등 많은 작품을 썼다.

고자 하는 것을 나는 이미 더 이상 생각할 수가 없다. 끊임없이 바뀌어가는 영상들이 내 사고의 자리를 빼앗아버렸다."[111] 사실 화면을 보고 있는 사람의 연상의 흐름은 화면의 변화에 의해 즉각 중단된다. 여기에 영화의 쇼크효과[112]가 있으며, 이것은 다른 모든 쇼크효과와 마찬가지로 고도의 신경집중에 의해 추슬러야 한다.[113] 영화는 그 기술적 구조가 지닌 힘을 통해, 말하자면 다다이즘이 정신적인 틀 속에 포장해두고 있었던 생리적인 쇼크효과를 이 틀로부터 해방시켰다.[114]

..
111. [원주 28] 조르주 뒤아멜Georges Duhamel, 『미래생활의 풍경Scènes de la vie future』, 제2판, Paris 1930, 52쪽.
112. 영화에서의 쇼크효과Chockwirkung는 예컨대 단편적인 화면들을 취사선택 혹은 재구성함(즉 몽타주)으로써 만들어낼 수 있다. 영화나 다다이즘 문학에서 엿보이는 현대 예술의 '촉각적 성질'은 이러한 쇼크효과의 특징을 보이고 있다. 나아가 이러한 쇼크효과는 벤야민의 이해에 따르면 현대의 가속화된 행동형식 및 지각형식들(기술, 교통, 컨베이어벨트 작업 등등)과도 긴밀한 상관관계에 있다.
113. [원주 29] 영화는 현대인이 점점 더 많이 직면하고 있는 삶의 위험Lebensgefahr에 딱 들어맞는 예술형식이다. 쇼크효과에 몸을 내맡기고자 하는 욕구는 인간이 자신을 위협하는 위험에 적응하고자 하는 시도이다. 영화는 인간의 통각기관의 근본적인 변화에 부합한다.——이 변화는 개인의 실존이라는 척도에서 보자면 대도시 교통을 이용하고 있는 모든 통행인이, 역사라는 척도에서 보자면 현대국가의 모든 시민들이 현재 체험하고 있는 변화이다.

15

예술작품에 대한 이제까지의 온갖 관례적 태도가 현재 새로운 모습으로 다시 태어나고 있는 모체母體, matrix는 대중이

114. [원주 30] 다다이즘에게도, 또 큐비즘[옮긴이 주: '입체파', '입체주의'로도 불리며, 인상주의 이후 색채 위주의 표현주의와 대조적으로 형태의 본질을 객관적으로 파악하고자 사물을 여러 시점(다시점)에서 입체적으로 표현한 미술 흐름을 말한다. 20세기 초 피카소나 브라크에 의해 일어났으며, 야수파의 주정주의에 맞서 주지주의의 예술운동으로 알려져 있다]이나 미래파[옮긴이 주: 20세기 초 이탈리아를 중심으로 일어난 예술운동으로, 시인 마리네티가 1909년 2월 20일자 파리 일간지 「Le Figaro[피가로]」지에 최초로 '미래파 선언'을 발표한 데서 시작되었다. 조형적인 측면에서 미래파는 대상의 물질을 파괴하고 큐비즘에서 얻은 동시성의 사상을 화면에 정착시켰다. 1915년경까지 운동을 벌인 후 중지되었으나, 다다와 20세기 예술의 여러 운동에 미친 영향은 지대하다]에게도, 영화로부터 중요한 단서가 얻어질 수 있다. 큐비즘이나 미래파는 나름대로 현실을 기계장치와 융합시키고자 했던——예술적으로는 결함이 많지만——시도인 것으로 보인다. 이들 유파는, 영화와 달리, 현실을 예술적으로 그려내기 위해 기계장치를 이용하는 것이 아니라 표현된 현실과 표현된 기계장치의 일종의 합금작용에 의해 그 실험을 수행했다. 물론 같은 기계장치라고 해도, 큐비즘에서는 광학에 기초한 기계장치의 구조에 대한 예감이 중요한 역할을 하고 있으며, 미래파에서는 필름이 빠르게 진행해가는 데서 발휘되는 그 효과에 대한 예감이 중요한 역할을 수행하고 있다.

다. 양이 질로 전화轉化한 것이다. 즉 예술에 참여하는 대중의 대폭적인 증대가 참여 방식 자체를 변화시켰다. 대중의 이러한 참여가 당장은 악평을 불러오는 모습을 취하고 있다고 해서, 관찰을 잘못해서는 안 된다. 사실 사태의 표면적인 측면에만 주의를 기울여온 사람들이 없지 않다. 그중에서도 뒤아멜은 이러한 의미에서 가장 극단적인 발언을 한 바 있다. 그가 영화에 대해 무엇보다 못마땅하게 여기는 것은 영화가 불러일으키는 대중 참여의 방식이다. 뒤아멜은 영화를 가리켜 '노예를 위한 심심풀이'라고 부른다. "노예를 위한 심심풀이, 일의 피로와 날마다의 근심으로 지쳐 있는 비참하고 교양 없는 사람들을 위한 오락Zerstreuung, … 어떠한 종류의 정신집중도 필요로 하지 않고 아무런 사고력도 전제로 하지 않는 구경거리 …, 그것은 마음에 빛을 밝히는 것이 없으며, 단지 언젠가 로스앤젤레스에 진출해 '스타'가 되고 싶다는 어리석은 꿈 외에 어떠한 희망도 일으키지 않는다."[115] 이것은 결국 정신집중을 요구하는 예술에 대해, 대중은 [정신을 분산시키는] 기분전환Zerstreuung밖에 구하지 않는다는 옛날 그대로의 탄식일 뿐이다. 이것이 그들의 상투어인 셈이다. 다만 이 상투어 속에서 과연 영화를 해명하기 위한 견실한 입장이 제출될 수 있는

---

115. [원주 31] Duhamel, 앞의 책, (S. 48), p. 58.

가라는 문제가 남아 있다.──우리로서는 바로 이 지점에서 좀 더 면밀한 고찰을 할 필요가 있다. [정신의] 분산Zerstreuung[116]과 집중Sammlung은 확실히 정반대의 것이지만, 이 같은 대립을 다음과 같이 설명해도 좋을 것이다. 예술작품 앞에서 정신을 집중하는 사람은 작품 속으로 자신을 침잠시킨다. 즉 그는, 마치 완성된 자기 작품을 보다가 그 속으로 들어갔다는 전설상의 중국의 한 화가처럼, 작품 속으로 깊숙이 파고 들어간다. 이에 반해 정신을 분산시킨 대중은 거꾸로 자신들 속으로 예술작품을 침잠시킨다. 이러한 양상을 가장 잘 보여주는 것은 건축물일 것이다. 건축은 예로부터 인간 집단이 분산적인 방식으로 수용해온 예술의 전형이었다. 그 수용의 법칙들은 가장 시사하는 바가 많다.

건축물들은 태고 이래로 인류의 역사와 늘 동행해왔다. 그 사이 수많은 예술형식들이 발생했고 또 소멸해갔다. 비극

..
116. 이 단락에서 'Zerstreuung'을 각각의 문맥에 따라 오락, 기분전환, [정신의] 분산 등으로 옮겼다. 그러나 벤야민이 이 용어를 '[정신]집중Sammlung'과 대비시켜 사용할 때에는, 예술작품의 수용방식상의 차이를 분명하게 드러내려는 의도가 담겨 있다. 즉 종래의 예술은 극히 일부의 애호가가 정신을 '집중'시켜 관찰하는 대상이었지만, 새로운 예술은 대중이 휴식이나 오락, 기분전환 등을 위해 정신을 '분산'시켜 수용하는 대상이 되었다.

은 고대 그리스인들과 함께 생겨나서 그들과 함께 사라졌고, 수백 년 후에 다시 그 '규범들'만을 적용한 형태로 되살아났다. 서사시는 그 원천을 여러 민족들의 청년기에 두고 있지만, 유럽에서는 르네상스 말엽에 자취를 감췄다. 패널화는 중세의 창조물이되, 이 예술형식의 부단한 지속을 보증하는 것은 아무것도 없다. 이에 비하여, 주거에 대한 인간의 욕구는 항상적인 것이다. 건축예술은 따라서 결코 중단된 적이 없었다. 건축예술의 역사는 다른 어떤 예술의 역사보다 오래 되었으며, 건축예술의 직접적인 효용은 대중과 예술작품의 관계를 해명하려고 하는 경우 지극히 중요하다. 그런데 건축물에 대한 수용방식에는 이중의 측면이 있다. 즉 사용됨이라는 측면과 지각됨이라는 측면, 혹은 보다 정확히 말하면, 촉각적taktil 측면과 시각적optisch 측면이 그것이다. 예컨대 유명한 건축물을 눈앞에 두고 있는 여행자의 경우를 생각해보자. 이때 여행자가 갖는 보통의 태도는 정신의 집중이라는 면에서는 도저히 설명할 수 없다. 즉 시각적 측면에서의 관조觀照, Kontemplation에 대응하는 것이 촉각적 측면 내에는 존재하지 않는 것이다. 촉각적 수용은 주의력의 집중이라는 길에서가 아니라 습관Gewohnheit이라는 길 위에서 이루어진다. 건축의 경우에는 보다 더 광범위하게 시각적 수용조차도 후자 즉 습관에 의해 규정된다. 여기에서 시각적 수용이 일어나는 것은 본래 주의를 집중한 데 따른 것이기보다는 오히려 무심결에 받은 인상과 결부되어 있는 편이 더 많다. 건축에 대한 이러한 수용방식은 그러나 어떤 상황 하에서는 규범적인 의미를 가질 수 있다. 왜냐하면 역사의 전환기들마다 인간의 지각기관이 직면하는 과제는 단순한 시각적 수단들, 즉 관조를 통해서는 결코 해결될 수 없기 때문이다. 그것은 촉각적 수용으로부터, 즉 습관화를 통해 점차 해결되는 것이다. 정신을 분산시킨 사람도 습관을 형성할 수 있다. 더 나아가, 정신을 분산시킨 상태에서 어떤 과제를 해결할 수 있다는 것은, 이 과제의 해결이 그에게 습관화되었다는 가장 명백한 증거이다. 여기에서, 예술에 의해 제공될 수 있는 정신 분산을 단서로 삼는다면, 지각의 새로운 과제의 해결이 어느 정도까지 가능하게 되었는가를 음미할 수 있을 것이다.[117] 그런데 개개인은 이러한 과제의 부담으로부터 벗어나고 싶다

- -
117. 여기에서도 벤야민은, 고도로 발달된 기술적 복제의 등장으로 인간의 지각이 총체적으로 변화하고 있고, 특히 그것이 예술의 영역에서 주도적으로 나타나고 있음을 강조한다. 이 같은 지각의 변화는 시각적인 주의집중 능력을 높이는 방식으로 진행되고 있는 것이 아니라 오히려 촉각적인 습관의 형성이라는 방식으로 진행되고 있다는 것이다. 따라서 기술의 변화에 대응한 현대 지각의 변화를 온전히 이해하기 위해서는, 정신이 분산된 상태에서 일상적으로 체감되는 촉각적인 수용방식의 대중화 현상을 주목해야 한다.

는 유혹을 이겨낼 수 없다. 따라서 예술 자체가 그 가장 곤란하고 중대한 과제의 해결에 착수하게 되는데, 이는 특히 예술이 대중을 동원할 수 있는 장소에서 일어난다. 오늘날 예술이 그것을 행하는 곳은 영화이다. 예술작품에 대한 정신 분산적 수용은 통각의 근본적 변화들의 징후로서 예술의 모든 분야에서 점차 주목할 만한 현상이 되고 있지만, 바로 영화야말로 이러한 수용을 숙련화하는 최적의 도구이다. 영화는 그것이 지닌 쇼크효과의 방식으로 이 [새로운] 수용형식을 받아들인다. [그리하여] 영화는 제의적 가치를 뒷전으로 물러나게 하는데, 이는 단지 관객에게 감정인의 태도를 취하게끔 한다는 점에만이 아니라, 오히려 영화관 내의 이 감정인의 태도가 어떠한 주의집중도 필요로 하지 않는다는 사정에도 기초하고 있는 것이다. 관객은 말하자면 하나의 시험관Examinator이되, 정신이 분산된 시험관이다.

추기 | Nachwort

현대인의 급증하는 프롤레타리아화와 대중의 광범한 형성은 동일한 사태의 두 측면이다. 새로 생겨난 이 프롤레타리아 대중은 현 소유관계의 철폐를 목표로 하고 있지만, 파시즘은 소유관계에는 손을 대지 않고 대중을 조직하려 하고 있다. 이때 파시즘은 대중에게 표현의 기회를 제공하는 것(이는 대중의 권리를 인정한다는 의미가 결코 아니다)을 축복된 일로 간주한다.[118] 대중은 소유관계를 변혁시킬 권리를 갖고 있다. 반면

---

118. [원주 32] 특히 주간뉴스영화(이 뉴스영화가 갖는 프로파간다적 의의는 아무리 강조해도 지나치지 않다)를 고려한다면, 여기에서 어떤 기술상의 사정이 중요해진다. 대량복제에는 특히 대중의 복제[재생산]Reproduktion von Massen가 대응하고 있는 것이다. 대규모 축제행렬이나 거대 집회, 대중적 스포츠대회 그리고 전쟁, 이들 모두는 오늘날 촬영장치에 의해 받아들여지고 또 보급되는 것들로서, 바로 여기에서 대중은 자기 자신과 대면한다. 이러한 [대면] 과정 및 범위의 위력은 이제 강조할 필요가 없을 것이다. 어떻든 이것은 복제기술 내지 촬영기술의 발전과 매우 밀접하게 관계되어 있다. 일반적으로 말하면, 대중의 움직임은 육안으로 보기보다 기계장치를 통해 볼 때 훨씬 확연하게 파악된다. 수십만 명에 이르는 집단 행렬을 한 눈에 파악하기에는 조감적鳥瞰的 퍼스펙티브가 가

파시즘은 소유관계를 온존시킨 채 표현의 기회만을 그들에게 주려고 한다. 이로써 파시즘은 그 당연한 귀결로서 정치생활의 미화 Ästhetisierung des politischen Lebens로 귀착된다. 파시즘은 영도자 숭배[119]를 통해 대중을 굴복시키고 있지만, 이와 같이 대중을 힘으로 억누르는 것에 대응하고 있는 것이 바로 제의적 가치를 조성하는 데 도움이 되는 매스컴 기구를 장악하는 것이다.

정치의 미화[120]를 위한 모든 노력은 하나의 정점에 도달한다.

$\cdot\cdot$
장 좋다. 설령 기계와 마찬가지로 인간의 눈이 이러한 퍼스펙티브를 가질 수 있다 할지라도, 인간의 눈은 눈에 비치는 상像을 촬영에서 행해지듯이 확대해 볼 수는 없다. 즉 대중의 움직임들, 그리고 그런 의미에서 전쟁이라는 것 또한 기계장치와 특히 잘 부합하는 인간 행동의 형식인 셈이다.

119. 영도자 숭배Kult eines Führers: 대중 일반이 특정 인물을 숭배하는 열광적인 현상은 초기 문명 이후부터 존재해왔고 20세기에는 파시즘의 이른바 '영도자[총통] 숭배'를 통해 되살아났다. 19세기 말 사진의 보급에 의해 생겨난 '스타숭배'와 함께 '영도자 숭배'는 현대에서의 '아우라의 몰락' 테제를 다시금 상대적인 것으로 만들고 있다. 왜냐하면 이 두 숭배는 아우라적 요소들을 부활시키고 있기 때문이다.

120. 정치의 미화Ästhetisierung der Politik: 파시즘에서 보이는 정치적 표현의 효과적인 장치들(공공 연설, 퍼레이드, 스포츠대회 등)을 벤야민은 이 같은 문구로 특징짓는다. 이러한 표현장치들의 제의적 형식들은 암시적으로 작용하며 또한 이데올로기적 영향력을 발휘한다.

이 정점이란 전쟁이다. 전쟁은, 그리고 오직 전쟁만이 종래의 소유관계를 유지한 채로 최대 규모의 대중운동에 하나의 목표를 부여할 수 있게끔 한다. 정치의 측면에서 사태를 본다면, 방금과 같이 말할 수 있을 것이다. 이 점은 또한 기술의 측면에서 본다면, 다음과 같이 말할 수 있다. 즉 전쟁만이 소유관계를 그대로 유지한 채로 현재의 모든 기술적 수단을 동원하는 것을 가능케 한다. 물론 파시즘에 의한 전쟁 찬미는 이와 같은 논거들을 이용하지는 않는다. 그러나 이들 논거에 주의를 기울여두는 것은 많은 시사를 던져준다. 에티오피아 식민지전쟁에 대한 마리네티[121]의 선언문[122]에는 이런 구절이 있다. "27년

..
121. 필리포 토마소 마리네티Filippo Tommaso Marinetti, 1876-1944는 이탈리아의 시인이자 미래파 운동의 선구자이다. 미래파가 공식적으로 알려진 것은 파리 신문 「피가로」에 그가 '미래파 선언'(1909.2.20.)이라는 글을 발표하고 나서부터이다.
122. 마리네티의 선언문: 1935년 10월 이탈리아 군대는 에티오피아를 침략 점령하고, 이를 기존의 이탈리아령 소말리아와 통합시켜 이탈리아령 동아프리카 식민제국을 수립한다. 마리네티는 당시 이 전쟁을 문필 활동의 방식으로 지지했다. 벤야민이 마리네티의 이 선언문을 인용한 출처인 이탈리아 신문 「스탐파La Stampa」(토리노)는 지금까지 정확히 확인되지 않고 있다. 아마도 벤야민은 프랑스 신문에 실린 마리네티의 글을 읽고서 직접 독일어로 번역했던 것으로 보인다.

전부터 우리 미래주의자들은 전쟁을 미적이 아닌 것으로anti-ästhetisch 묘사하는 것에 반대해왔다. … 그 점에 대해 우리는 여기에서 다시 확인한다. … 전쟁은 아름답다. 왜냐하면 전쟁은 방독면이나 위협용 확성기, 화염방사기나 소형 탱크를 통해 기계를 굴복시키고, 기계에 대한 인간의 지배를 확립하기 때문이다. 전쟁은 아름답다. 왜냐하면 인간의 육체를 강철로 무장하는 꿈이 비로소 실현될 수 있기 때문이다. 전쟁은 아름답다. 왜냐하면 전쟁은 꽃들이 만발한 들판을 기관포가 내뿜는 화염의 난蘭으로 장식할 수 있기 때문이다. 전쟁은 아름답다. 왜냐하면 전쟁은 총성과 포성, 죽음의 정적, 방향芳香과 썩는 냄새를 하나의 교향악으로 통일해낼 수 있기 때문이다. 전쟁은 아름답다. 왜냐하면 대형전차나 비행편대가 그리는 기하학적인 도형, 불타는 마을에서 피어오르는 연기의 나선 모양 등 새로운 구성의 미가 창조되기 때문이다. … 미래파 시인이나 예술가들이 전쟁미학의 이러한 근본원리들에 유의한다면, 새로운 시문학이나 새로운 조형을 구하는 우리의 고투는 그 원리들로부터 찬란한 빛을 받을 것이다."[123]

이 선언문은 명료하다는 장점이 있다. 그 문제설정의 방식은 변증법적 사상가도 계승할 만한 가치가 있다. 그러나 변증

---

123. [원주 33] 「스탐파La Stampa」(토리노)에서 재인용.

법적 사상가에게는 오늘날의 전쟁의 미학은 다음과 같이 표현되고 있다. 즉 생산력의 자연스러운 이용이 소유 질서에 의해 지장을 받게 되면, 기술적 수단, 속도, 에너지자원의 증대는 생산력의 부자연스러운 이용 쪽으로 내몰린다. 이 부자연스러운 이용의 장場은 전쟁에서 얻어진다. 전쟁이라는 것은 그 파괴행위를 통해서, 사회가 기술을 자신의 기관器官으로 삼을 정도로는 아직 충분히 성숙하지 못했음을, 그리고 기술 역시 사회의 근원적 힘들을 압도하기에는 충분히 성장하지 못했음을 증명하는 셈이다. 제국주의 전쟁의 극도로 끔찍한 특징들을 규정하고 있는 것은, 강력한 힘을 지닌 생산수단들과 이것들을 생산과정에서 충분히 이용하지 못하는 상황 사이의 불균형 (달리 말하자면 실업, 판매시장의 부족)이다. 제국주의 전쟁은 기술의 반란이다. 자연자원을 제공하라는 기술의 요구를 사회가 거부했기 때문에, 기술은 '인적 자원'에서 그 징수를 행하고 있는 것이다. 기술은 이제 하천의 치수공사를 벌이기보다는 수많은 사람들을 전쟁 참호 속으로 향하게 하며, 비행기로 씨앗을 뿌리기보다는 도시들 위에 폭탄을 투하하고 있다. 그리고 기술은 독가스전戰을 통해 아우라를 새로운 방식으로 제거하는 수단을 발견하고 있다.

"예술에 영광 있으라, 세상이 망할지라도"[124]라고 파시즘은 말한다. 파시즘은 마리네티가 공언하고 있듯이 기술에 의해 변화된 지각을 예술적으로 만족시키기 위해 전쟁에 기대를 걸고 있는 것이다. 이것은 명백히 예술을 위한 예술l'art pour l'art의 완성이다. 일찍이 호메로스에게는 올림포스 신들의 구경거리 대상이었던 인류가 이제는 인류 자신에 대한 구경거리 대상이 되었다. 인류의 자기소외는 자기 자신의 파멸을 최고의 미적 향유로서 체험하는 그러한 극점에 도달했다. 파시즘이 행하는 정치의 미화란 이러한 것이다. 이 파시즘에 맞서, 공산주의는 예술의 정치화로써 대답한다.

••
124. "예술에 영광 있으라, 세상이 망할지라도Fiat ars, pereat mundus": 이 구절은 미래파의 슬로건 중 하나이다. 미래파는 이탈리아를 중심으로 일어난 전위예술운동으로서, 과거의 전통을 부정하고 근대 문명이 낳은 속도와 기계를 찬미하는 것을 시의 본령으로 삼았다.

부록

판별 내용대조

A. (1, 2판과 비교해) 3판에 와서 추가·변경된 구절*

[차례]

5쪽: [본래 1판에는 각 절 소제목이 붙어 있었으나, 2, 3판에는 이것이 생략되었다. 본서에서는 글의 편제 이해를 위해 1판에 사용된 소제목들을 부분적으로 참고하였다. 1판의 각 절 소제목들은 다음과 같다: 1 서문, 2 기술적 복제가능성, 3 진본성, 4 아우라의 붕괴, 5 제의와 정치, 6 제의가치와 전시가치, 7 사진, 8 영원성의 가치, 9 예술로서의 사진과 영화, 10 영화와 테스트 성과, 11 영화배우, 12 대중 앞의 전시, 13 영화에 출연하고자 하는 요구, 14 화가와 촬영기사, 15 회화의 수용, 16 미키마우스, 17 다다이즘, 18 촉각적 수용과 시각적 수용, 19 전쟁의 미학.]

[모토 문구]

7쪽: [폴 발레리의 이 글이 모토 문구로 사용된 것은 3판에 와서이다.

* *

* 내용대조에서의 쪽수와 행수는 본서(3판)의 것을 가리킨다.

1, 2판에서는 드 뒤라스 부인Madame de Duras의 "진실은 그가 할 수 있는 것이다. 허위는 그가 원하는 것이다."라는 문장이 모토 문구로서 등장한다.]

[머리말]
11쪽 3행~11쪽 5행: "이 테제들은 전승된 많은 개념들을—창조성, 천재성, 영원한 가치 그리고 스타일, 형식과 내용 같은 개념을—불식시켜버리고 있다."(1판) → "이 테제들은 전승된 많은 개념들을—창조성, 천재성, 영원한 가치, 신비 등의 개념을—불식시켜버리고 있다."(2, 3판)

[1절]
13쪽 10행~14쪽 2행: "고대 그리스인이 알고 있었던… 복제될 수 없었다."(3판에서 추가됨)
17쪽 3행~17쪽 4행: '대물렌즈를 통해서 바라보는'(3판에서 추가됨)
17쪽 7행~17쪽 8행: "촬영장에서 영화 촬영기사는… 영상을 담아낸다."(3판에서 추가됨)
18쪽 3행~19쪽 3행: "이들 수많은 집중적인 노력에 의해… 켜고 끄는 것이 가능하게 될 것이다."(3판에서 추가됨)

[2절]

20쪽 13행~20쪽 17행: "그리고 이 진본성의 근거를 이루고 있는 것은 바로 이 대상이 오늘날까지 자기 동일적인 것으로서 면면히 이어내려 왔다는 어떤 전통이라는 관념이다."(1, 2판) → "청동작품에 슬어 있는 푸른 녹을… 도움을 줄 수 있다."(3판)

22쪽 9행~22쪽 10행: "변화된 이 같은 상황들은 […]"(1, 2판) → "예술작품의 기술적 복제에 의한 산물이 능히 초래할 수 있는 이러한 상황은 […]"(3판)

23쪽 12행~23쪽 13행: " […], 그것은 사물의 권위, 사물에 전해져 온 무게이다"(1, 2판) → "[…], 그것은 사물의 권위이다."(3판)

24쪽 1행~24쪽 2행: "이러한 특징을 아우라는 개념으로 총괄하여 이렇게 말할 수 있다."(1, 2판) → "이 과정에서 탈락되는 것을 아우라는 개념으로 총괄하여 이렇게 말할 수 있다."(3판)

[3절]

29쪽 1행~29쪽 5행: "아우라란 대체 무엇인가? 공간과 시간에 의거해 짜여 있는 불가사의한 직물이다. 즉 아무리 가까이 있더라도 아득히 멀게 느껴지는 것의 일회적인 나타남이다."(1, 2판) → "위에서 역사적 대상들을 위해 제안했던 아우라 개념을 여기에서는 자연적 대상들에서의 아우라 개념에 의해 설명해보자. 자연적 대상들의 아우라를 우리는, '가까이 있더라도 아득히 멀게 느껴지는 것의 일회적인 나타남'으로서 규정한다."(3판)

29쪽 5행~30쪽 3행: "어느 여름날 오후, 고요히 쉬면서 지평에 가로놓인 산맥이나, 휴식하는 자에게 그림자를 드리우는 나뭇가지를 가만히 눈으로 좇는 것—그것은 이 산맥의 아우라, 이 나뭇가지의 아우라를 호흡하는 것이다. 이 묘사를 단서로 해보면, 오늘날 아우라의 붕괴를 초래하는 사회적 규정조건을 간파하는 일은 그다지 어렵지 않다."(3판에서 추가됨).

30쪽 3행~30쪽 5행: "이 붕괴는 두 가지 사정에 기초하고 있거니와, 이 두 사정 모두 대중운동이 확산되고 강력해지고 있는 점과 아주 밀접하게 관련되어 있다."(1판) → "이 붕괴는 두 가지 사정에 기초하고 있거니와, 이 두 사정 모두 대중이 점점 증대하고 있는 점, 그리고 대중의 운동이 점점 강력해지고 있는 점과 관련되어 있다."(2판) → "이 붕괴는 두 가지 사정에 기초하고 있거니와, 이 두 사정 모두 현대 생활에서 대중의 의미가 점차 증대하고 있는 점과 관련되어 있다."(3판)

30쪽 6행~30쪽 7행: "현대의 대중은 대상들을 '더 가까이 접근시키는' 것을 […]"(1, 2판) → "현대의 대중은 대상들을 공간적으로 또는 인간적 관심을 끄는 쪽으로 '더 가까이 접근시키는' 것을 […]"(3판)

30쪽 각주 39: "[원주 6] 전체."(3판에서 추가됨)

[4절]

33쪽 각주 44: "[원주 7] 전체."(3판에서 추가됨)

33쪽 10행~33쪽 12행: "다시 말하면 '진본' 예술작품의 고유한 가치는 항상 제의 속에 그 기초를 두고 있다."(2판) → "다시 말하면, '진본' 예술작품의 고유한 가치는 예술작품이 최초의 본원적 사용가치를 지니고 있었던 제의 속에 그 기초를 두고 있다."(3판)

34쪽 각주 45: "[원주 8] 전체."(3판에서 추가됨)

[5절]

38쪽 11행~38쪽 15행: "예술사를 예술작품 자체 속에 있는 두 극들 간의 대결로서 나타내고 또 이 대결과정의 역사를 예술작품의 한쪽 극으로부터 다른 쪽의 극에로 그 중심이 상호 이동해 가는 운동으로서 파악하는 관점이 가능할 것이다. 이 두 극이란 예술작품의 제의적 가치와 전시적 가치이다."(1, 2판) → "예술작품에 대한 수용에는 매번 상이한 악센트들이 가세하는데, 그 악센트들 중에는 단연 두 가지 양극적 강세가 두드러진다. 하나는 예술작품의 제의적 가치이고, 다른 하나는 예술작품의 전시적 가치이다."(3판)

39쪽~41쪽 각주 53: "[원주 11] 전체."(3판에서 추가됨)

41쪽 1행~41쪽 3행: "이들 형상의 경우에는 존재한다는 사실만이 중요한 것이고 보인다는 사실은 중요하지 않다."(1, 2판) → "이들 형상의 경우에는 충분히 짐작될 수 있듯이, 보인다는 사실보다는 존재한다는 사실이 더 중요하다."(3판)

41쪽 4행~41쪽 6행: "인간이 자신의 동료들 앞에 사슴의 상을 내보이는 일은 우연에 불과하다. 기껏해야 정령들이 그 상을 본다는 것이 중요한 일이었다."(1, 2판) → "그는 비록 동료들 앞에 이 상을 전시하기는 하지만 그러나 그것은 무엇보다도 정령들에게 바치기 위한 것이었다."(3판)

43쪽 13행~44쪽 2행: "어쨌든 오늘날에는 영화가 이러한 인식을 위한 가장 유용한 단서를 제공하고 있는 것은 확실하다."(1, 2판) → "어쨌든 확실한 것은, 현재 사진과 더 나아가 영화가 이러한 인식을 위한 가장 유용한 단서를 제공하고 있다는 점이다."(3판)

[7절]

49쪽 1행~49쪽 5행: "알렉상드르 아르누는 무성영화에 대한 판타지를 솔직하게 다음과 같은 물음으로 맺고 있다. "이로써 우리가 만족해온 과감한 모든 서술들은 결과적으로 기도新禱라는 정의로 귀결되어 마땅한 게 아닐까?""(3판에서 추가됨)

[8절]

52쪽 1행~53쪽 7행: [이 8절의 서술 전체는 3판에 와서 새로 쓰인 것으로, 이 부분에 해당하는 2판의 내용은 본서 122~126쪽을 참조]

[10절]

61쪽 6행~61쪽 10행: "인간이 기계장치를 통해 재현됨으로써 인간의 자기소외는 지극히 생산적으로 활용되게 되었다. 이 활용이 어떠한 것인가를 이해하기 위해서는 다음과 같은 점이 단서가 될 것이다. 즉 피란델로가 묘사하고 있듯이, 배우가 기계장치 앞에서 갖는 위화감은 인간이 거울에 비친 자신의 모습——낭만주의자들은 이 주제에 대해 논의하기를 즐겨 했다——앞에서 갖는 위화감과 같은 부류의 것이다. 그러나 이제 이 거울상은 인간으로부터 떼어내어 다른 곳으로 옮길 수 있게 되었다. 그런데 어디로 옮겨지는 것인가? 대중 앞으로이다."(2판) → "피란델로가 묘사하고 있듯이, 배우가 기계장치 앞에서 갖는 위화감은 인간이 거울에 비친 자신의 모습 앞에서 갖는 위화감과 같은 부류의 것이다. 그런데 이 거울상을 배우로부터 떼어내어 다른 곳으로 옮기는 것이 가능해졌다. 그것은 어디로 옮겨지는 것인가? 관객 앞으로이다."(3판)

61쪽~62쪽 각주 80: "[원주 20] 전체."(3판에서 추가됨)

62쪽 1행~62쪽 3행: "그는 자신이 기계장치 앞에 서 있으면서도 결국은 대중을 상대로 하고 있는 것임을 잘 알고 있다."(2판) → "영화배우는 기계장치 앞에 있는 동안에도 이제 자신이 관계하고 있는 상대는 결국은 시장을 형성하는 구매자 즉 관객임을 잘 알고 있다."(3판)

62쪽 3행~63쪽 11행: "그는 자신의 노동력뿐만 아니라… 또한 서유럽의 영화제작도 거기에 중점을 두고 있지 않다."(3판에서 추가됨)

63쪽 18행~64쪽 7행: "영화의 경우, 주간뉴스영화는 사람들이 누구나 영화에 출연할 수 있다는 것을 확연하게 보여준다. 그러나 이 정도의 가능성이 있다는 것만으로는 아직 충분치 않다. 오늘날 사람들은 누구나 영화에 나오고 싶다는 요구를 갖고 있다."(1, 2판) → "신문발행자가 신문배달 소년들을 위해 자전거 경기를 개최하는 것도 이유가 없는 것이 아니다. 그것은 참가자들 사이에 대단한 흥미를 불러일으킨다. 이 경기에서의 우승자는 신문배달부에서 일약 경륜선수로 떠오르는 기회를 잡는 것이다. 이와 마찬가지로 예컨대 주간 뉴스영화는 누구든 간에 지나가는 행인이 영화의 엑스트라가 되는 기회를 부여하고 있다. 이와 같이 누구나 기회가 주어질 경우 예술작품 속에 얼굴을 내밀 수 있게 된 것이다―[이와 관련해서는] 베르토프의 「레닌의 세 가지 노래」나 이벤스의 「보리나쥬」를 떠올려보면 좋을 것이다―. 영화에 출연한다는 것은 오늘날에는 누구에게나 가능한 요구이다."(3판)

65쪽 15행~65쪽 16행: "사실 노동 자체가 발언하기 시작하고 있다."(2판) → "소련에서는 사실 노동 자체가 발언하기 시작하고 있다."(3판)

66쪽~67쪽 각주 84: "[원주 21] 전체."(3판에서 추가됨)

[11절]

72쪽 각주 90: "[원주 22] 전체."(3판에서 추가됨)

[12절]

74쪽 3행~74쪽 4행: "영화관에서는 그렇지 않다."(2판) → "[반면] 영화관

에서는 관객의 비판적 태도와 향수적 태도가 서로 일치한다."(3판)
75쪽~76쪽 각주 91: "[원주 23] 전체."(3판에서 추가됨)

[13절]

76쪽 6행~79쪽 9행: "영화의 사회적 기능들 중 가장 중요한 것은 인간과 기계장치 사이에 균형을 만들어낸다는 점이다. 이 과제를 영화는, 인간이 촬영용 기계장치 앞에서 자신을 표현하는 방식을 통해서만이 아니라 더 나아가 인간이 기계장치의 도움을 빌려 자신을 위해 주변세계를 표현하는 방식을 통해서도 철저하게 해결해나간다."(1, 2판) → "[13절 제1단락 전체]."(3판)

79쪽 각주 98: "[원주 24] 전체."(3판에서 추가됨)
81쪽 각주 99: "[원주 25] 전체."(3판에서 추가됨)

[14절]

82쪽~84쪽 각주 102: "[원주 26] 전체."(3판에서 추가됨)
87쪽 각주 108: "[원주 27] 전체."(3판에서 추가됨)
89쪽 각주 111: "[원주 28] 전체."(3판에서 추가됨)
89쪽 각주 113: "[원주 29] 전체."(3판에서 추가됨)
90쪽 각주 114: "[원주 30] 전체."(3판에서 추가됨)

[15절]

91쪽 각주 115: "[원주 31] 전체."(3판에서 추가됨)

95쪽 8행~95쪽 14행: "따라서 영화는 이 점에서도 고대 그리스인들이 미학이라고 불렀던, 저 지각이론의 가장 중요한 대상인 셈이다."(2판) → "[그리하여] 영화는 제의적 가치를 뒷전으로 물러나게 하는데, 이는 단지 관객에게 감정인의 태도를 취하게끔 한다는 점에만이 아니라, 오히려 영화관 내의 이 감정인의 태도가 어떠한 주의집중도 필요로 하지 않는다는 사정에도 기초하고 있는 것이다. 관객은 말하자면 하나의 시험관이되, 그러나 정신이 분산된 시험관이다."(3판)

[추기]

96쪽~97쪽 각주 118: "[원주 32] 전체."(3판에서 추가됨)

97쪽 3행~97쪽 6행: "단눈치오D'Annunzio와 함께 데카당스가 정치 속으로 들어왔고, 마리네티와 함께 미래주의가, 그리고 히틀러와 함께 슈바빙의 전통이 정치 속으로 들어왔다."(1, 2판) → "파시즘은 영도자 숭배를 통해 대중을 굴복시키고 있지만, 이와 같이 대중을 힘으로 억누르는 것에 대응하고 있는 것이 바로 제의적 가치를 조성하는 데 도움이 되는 매스컴 기구를 장악하는 것이다."(3판)

99쪽 각주 123: "[원주 33] 전체."(3판에서 추가됨)

B. (3판에 와서 전면 삭제 또는 개고되었으나) 1, 2판에는 실려 있는 내용

[4절 관련]

[예술 이데올로기에 대하여Zur Kunstideologie][125]

이 [기술적 복제시대의 예술작품] 논문은 결코 예술사의 입문적 연구를 제공하는 데 그 과제를 두고 있지 않다. 이 논문은 오히려 우선적으로, 19세기 이래 물려받은 예술 개념을 비판하기 위해 노력한다. 종래의 예술 개념에 대해 제시되어야 할 바는, 그 개념에는 이데올로기의 낙인이 찍혀 있다는 사실이다. 그 개념의 이데올로기적 성격은, 그 개념이 예술을 그저 일반적으로 그리고 예술의 역사적 구성[과정]을 고려함 없이 주술적 관념에 기초해 규정하고 있는 추상화Abstraktion에서 엿볼 수 있다. 예술의 이데올로기적 성격, 곧 추상적이고 주술적인 관념의 허위적 성격은 이중적인 방식으로 입증된다. 즉 첫째로는 영화로서 대표되고 있는 현대 예술과 직접 맞닥뜨림

---

125. 이 서술은 초고에만 있는 것으로, 3판 4절의 첫 단락 다음에 이어질 만한 내용이다(GS I-3, 1050쪽).

으로써, 그리고 둘째로는 실제로 주술적으로 행해진 원시시대의 예술과 대면함으로써 입증된다. 이 두 번째 대면의 귀결을 우리는 다음과 같이 요약할 수 있을 것이다. 바로 예술이 진정한 주술적 유용성에서 벗어날수록, 예술에 대한 견해는 그만큼 더 신비적이 된다는 사실이다. 반면 이 주술적 유용성이 커지면 커질수록 (그런데 원시시대에서 이 주술적 유용성은 가장 심대한 것이었다), 예술에 대한 견해는 그만큼 더 비신비적이 된다.

[5절 관련]

[제1기술과 제2기술Erste und zweite Technik][126]

더 나아가 한 가지 확실한 것은 영화에서 가장 진전된 모습으로 나타나고 있는 예술의 이 기능전환이 역사상 커다란 영향력을 지니는 것이어서, 현재의 예술과 원시시대의 예술을 서로 비교해보는 것을 방법적으로만이 아니라 소재적으로도 가능

∙∙
126. 이 서술은 2판에는 있으나 3판에 와서 삭제된 것으로, 만약 삭제되지 않았다면 3판 5절 두 번째 단락 다음에 이어질 만한 내용이다(G S VII-1, 358-360쪽).

하게 하고 있다는 사실이다.

원시시대의 예술은 주술에 이용되기 때문에 [주술적인] 실천에 도움이 되는 특정한 표현법을 고수하고 있다. 더욱이 원시시대의 예술은 다분히 주술적 절차를 밟는 것으로서(선조의 상像을 조각하는 것 자체가 주술을 행하는 일이었다), 그리고 동시에 그 절차를 지시하는 것으로서(선조의 상이 제의적인 태도를 모범적으로 보이고 있다), 또한 마지막으로 주술적 관조의 대상이 되는 것으로서(선조의 상을 주시하는 것이 주시하는 자의 주술적 힘을 강화한다) 만들어졌다. 인간과 그 환경은 그러한 표현법의 대상들이었다. 이리하여 모사된 것들은 당시 사회의 요구들에 응하고 있었지만, 그 사회의 기술은 아직 제의와 유착해서만 존재할 뿐이었다. 이 기술은 [현대의] 기계적 기술에 비하면 당연히 뒤져 있었다. 그렇지만 변증법적 고찰에 중요한 것은 그 점이 아니다. 변증법적 고찰에 있어 문제가 되는 것은 원시 기술과 현대의 기술 간의 경향적인 차이이며, 그 차이는 전자 즉 제1기술이 인간을 투입하는 것임에 비해, 후자 즉 제2기술은 최대한 인간의 투입을 줄인다는 점에 있다. 제1기술의 기술상의 위업이라고 해야 할 것은 인간을 희생으로 제공하는 것인 데 비해, 제2기술의 위업은 탑승자 없이 원격조작으로 작동하는 비행기로 대표될 수 있다. 제1기술에 있어서는 일회성이 긴요하다(거기에서는 결코 돌이킬 수 없는 실패가 생길 수 있고, 영원성의 의미를 갖는 대리로서의 희생적 죽음이 벌어지기도 한다). 반면 제2기술에 있어서는 일회성은 조금도 긴요하지 않다(여기에서는 실험과, 그리고 실험방법의 꾸준한 다양화가 중요한 관건이다). 후자의 기술의 근원은 인간이 최초로 무의식의 지혜를 통해, 자연으로부터 거리를 두고 있는 곳에서 구해질 수 있다. 그것은 다른 말로 하자면 유희 속에 놓여 있다.

진지함과 유희, 엄격함과 비구속성은 모든 예술작품들 각각에서 서로 교차되면서 나타나되, 다만 그 교차하는 비율이 각기 다를 뿐이다. 그러므로 말할 필요도 없이 예술은 제1기술에도 또 제2기술에도 연결되어 있는 셈이다. 그렇지만 여기에서 유념해야 할 것은 '자연 제어Naturbeherrschung'가 제2기술의 목적이라고 칭하기에는 상당한 논란의 여지가 있다는 점이다. 기술의 목적을 그러한 것으로 칭하는 것은 제1기술의 견지에서 나온 관점이다. 사실 제1기술은 자연을 제어하는 것을 목표로 하고 있었다. 그러나 제2기술은 오히려 자연과 인간의 공동유희Zusammenspiel를 목표로 한다. 오늘날의 예술이 갖는 사회적으로 결정적인 기능이란 바로 이 공동유희를 연습하는 일이다. 이 일은 특히 영화에서 행해진다. 인간의 생활에서 날이 갈수록 그 역할이 증대되고 있는 기계장치와의 연관은 인간의 통각 및 반응의 새로운 모습을 만들어낸다. 영화는 인간이 이러한 통각 및 반응능력을 연습하는 데에 도움을 준다. 동시에 이 기계장치와의 연관은 인간에게 다음과 같은 점을 일깨워준다. 즉 제2기술이 개척해낸 새로운 생산력들에 인류의 심신상태가 완전히 적응하게 되는 때에야 비로소, 기계장치에 봉사하는 노예상태 대신에 기계장치를 통한 해방이 성취될 수 있다는 점이다.[127]

..
127. [원주] 이러한 적응을 가속화하는 것이 혁명의 목적이다. 혁명이란 인간 집합체의 신경이 구석구석까지 미치는 것Innervationen, 보다 정확히 말하면 역사상 최초로 등장하는 집합체——이 새로운 집합체는 제2기술 속에 자신의 기관器官들을 두고 있다——의 신경조직들이 구석구석까지 작용하도록 시도하는 것에 다름 아니다. 이 제2기술이라는 체계에서는 사회의 근원적 힘들을 제어하는 것이 자연의 근원적 힘들과의 유희를 수행하기 위한 전제를 이룬다. 마치 물건을 잡는 법을 배우는 아이가 공에 손을 뻗는 것과 같은 식으로 달을 향해서도 손을 뻗듯이, 인류 역시 집단의 체내에 신경을 널리 분포시키려는 시도를 하면서 그처럼 손에 잡히는 목표뿐만 아니라 당장은 유토피아적인 듯한 목표에도 눈을 향한다. 사실 혁명의 과정에서 사회에 대한 요구를 표출하는 것은 제2기술만이 아니다. 제2기술은 인간을 노동이라는 고역 일반에서 점차 해방시키려는 목적을 가지고 있는 까닭에, 다른 한편에서 개인은 갑자기 이 자유로운 유희공간이 엄청나게 확장되어 있는 것을 보게 된다. 개인은 이 자유로운 활동공간을 어떻게 써야 할지 아직은 모른다. 그럼에도 개인은 자신의 요구들을 이 유희공간에 제기한다. 왜냐하면 인간 집합체가 제2기술을 자신의 것으로 삼는 일이 많아질수록, 그 집합체에 속해 있는 개인들 각각은 지금까지 제1기술에 속박되어 있던 중에 자신들의 소유가 얼마나

[6절 관련]

[2판 8절][128]

예술작품을 기술적으로 복제하는 방식 가운데 고대 그리스인들이 알고 있었던 것은 두 가지, 곧 주조와 각인뿐이었다. 그들이 대량으로 제조할 수 있었던 예술작품들로는 브론즈 상(像), 테라코타 그리고 동전이 전부였다. 그 외의 모든 예술작품들은 일회적인 것으로서, 기술적으로 복제될 수 없었다. 그런

··
보잘것없었는가를 더더욱 느낄 수 있기 때문이다. 달리 말하면, 이제 요구의 목소리를 내는 것은, 제1기술의 청산에 의해 해방된 개개인이다. 제2기술이 그 최초의 혁명적 성과들을 확립시키자마자, 제1기술 때문에 묻혀 있었던, 개인에게서의 중대 문제──사랑과 죽음──가 다시금 새로이 해결을 요구했다. 푸리에의 저작[옮긴이 주: 샤를 푸리에(Charles Fourier, 1772-1837)는 벤야민이 매우 높이 평가하는 19세기 초 프랑스의 공상적 사회주의자이다. 그는 1822년 간행한 주저 『농업가족집단』(개정 증보판 『보편적 통일의 이론』, 1834년) 및 기타 저서와 논문으로 집단소유에 입각한 '파랑쥬'라는 명칭의 공동조합 제도를 구상하였다]은 이러한 요구의 최초의 역사적 기록이다.

128. 3판은 6절을 "영화에서는… 미리 지시되고 있는 것으로 보인다."라는 문장으로 끝맺고 있지만, 2판에서는 이 절 다음에 별도의 절이 하나 더 있다. 이는 2판에서의 8절에 해당한다(GS VII-1, 361-362쪽).

까닭에 그것들은 영원성을 목표로 만들어져야 했다. 그리스인들은 그들의 기술수준 때문에, 예술에서 영원성의 가치를 만들어내는 것에 의존하지 않을 수 없었다. 이 같은 사정 덕분에 그들은 예술사에서 하나의 탁월한 위치, 즉 후세 사람들이 자신들의 입각점을 정함에 있어 규준이 될 수 있는 위치를 점하고 있는 것이다. 우리들의 입각점이 그리스인들의 그것과 대극對極을 이루고 있음은 의심의 여지가 없다. 오늘날만큼 예술작품의 기술적 복제가 고도로 그리고 광범하게 가능하게 된 때는 일찍이 없었다. 그 예술성격이 철두철미 복제가능성에 의해 규정되는 형식을, 우리는 영화에서 최초로 갖게 되었다. 이 형식을 그리스예술과 낱낱이 상세하게 비교하는 것은 무의미한 일일 것이다. 그렇지만 이 비교는 엄밀한 한 가지 점에 있어서는 시사하는 바가 많다. 즉 영화와 더불어 비로소 예술작품에 있어 어떤 성질이 결정적인 것이 되었는바, 이 성질은 그리스인들이라면 아마 가장 인정하기 어려운 성질이거나 아니면 예술작품의 가장 비본질적인 성질이라고 여겼을 법한 것이다. 그 성질이란 보다 더 좋게 만드는 가능성이다. 완성된 영화라는 것은 단 한 번에 창조된 결과물이 결코 아니다. 그것은 수많은 영상들 및 그 영상들의 연결을 통해 몽타주한 것으로, 이 몽타주 작업을 하는 사람은 그중 어떤 영상 또 어떤 연결이든 선택할 수 있다. 더욱이 그 영상들은 촬영이 본래 그 뜻한 대로 이루어질 때까지 촬영 과정 내내 얼마든지 개선을 기할 수 있는 것이다. 채플린은 [필름 길이가] 3천 미터인 「여론Opinion publique」[129]을 제작하기 위해 12만 5천 미터에 달하는 필름을 사용한 바 있다. 따라서 영화는 개선 가능성이 가장 많은 예술작품이다. 그리고 영화가 갖는 이 개선 가능성은 영화가 영원성의 가치를 철저하게 포기한 것과 관련되어 있다. 이는 그 반대의 예를 들어보면 알 수 있다. 그리스인의 예술은 영원성의 가치를 만들어내는 것에 힘입고 있었던 까닭에, 그들에게 모든 예술의 정점에 서 있는 것은 개선 가능성이 가장 적은 예술, 즉 조각이었다. 조각작품은 말 그대로 한 개의 덩어리로부터 창조된다. 몽타주가 가능한 예술작품의 시대에서 조각이 몰락하는 것은 피할 수 없는 일이다.

[8절 관련]

[영화와 테스트 성과Film und Testleistung][130]

..
129. 원제는 「파리의 여성」(1923년)이다(각주 66 참조).
130. 3판 8절 전체와 관련하여 다른 서술을 제공하고 있는 아래 내용은 2판에만 실려 있는 것으로, 2판에서는 10절 내용 전체를 이룬다(G

사진술에 의해 회화가 복제되는 것과 활동사진기에 의해 스튜디오 연출 장면이 복제되는 것은 서로 다른 것이다. 전자의 경우 복제되는 대상 [즉 회화]는 예술작품이되, 복제의 산물은 그렇지 않다. 왜냐하면 대물렌즈를 사용해 카메라맨이 거두는 성과Leistung는 교향악단 앞에서 지휘자가 거두는 성과와 마찬가지로 하나의 예술작품을 만들어내는 것은 아니기 때문이다. 그것은 잘해야 예술적 성과Kunstleistung라고 불리는 것을 만들어낼 뿐이다. 영화 스튜디오에서의 촬영의 경우는 사정이 다르다. 이 경우는 복제되는 대상 [즉 연출 장면]부터가 이미 예술작품이 아니다. 게다가 그 대상을 복제한 것 역시도, 전자 [회화의 복제]의 경우와 마찬가지로 예술작품이 아니다. 후자의 경우에서는 몽타주에 의해 비로소 예술작품이 성립한다. 몽타주를 이루는 개개의 구성부분들은 모두 단일 사건의 복제이지만, 그럼에도 이 사건 자체는 예술작품이 아니며 그것을 촬영해도 예술작품으로는 되지 않는 것이다. 영화에 의해 복제되는 이들 사건이란——이 사건들 자체는 예술작품이 아니므로——무엇인가?

이 물음에 답하기 위해서는 영화배우가 해내는 독특한 예술적 성과로부터 이야기를 시작해야만 한다. 영화배우가 무대

•• S VII-1, 364-365쪽 참조).

배우와 다른 점은, 그의 예술적 성과 [즉 연기]라는 것이—복제 이전 단계로서 [카메라에 의한 테스트] 성과라는 독특한 절차를 갖는 가운데—그때마다 우연히 모여든 관객 앞에서가 아니라 말하자면 전문가들로 구성된 위원회 앞에서 이루어진다는 데에 있다. 이 전문가들, 즉 프로덕션, 감독, 카메라맨, 녹음기사, 조명기사 등은 언제든지 영화배우의 예술적 성과에 개입할 수 있다. 이것은 사회적으로 대단히 중요한 표지標識이다. 즉 예술적 성과에 대한 전문위원회의 개입은 스포츠의 성과 및 넓은 의미에서는 테스트 성과Testleistung 일반에 특징적인 현상이다. 실제로 그러한 개입은 영화제작 과정을 일관되게 규정하고 있다. 주지하듯이 수많은 장소들이 다양한 방식으로 촬영된다. 예를 들면 도움을 청하는 외침은 다양한 버전으로 촬영될 수 있다. 편집자는 그중 하나를 고른다. 말하자면 이들 여러 버전 중에서 가장 훌륭한 기록을 확정하는 것이다. 따라서 영화 스튜디오에서 연출되는 사건과 이에 대응하는 현실 사건 간의 차이는 스포츠 경기장에서 원반을 던지는 것과 사람을 죽일 심산으로 이와 똑같은 원반을 같은 장소에서 같은 거리만큼 던지는 것 간의 차이와 같다. 전자의 것은 테스트 성과에 해당할 터이지만, 후자의 것은 그렇지 않다.

그런데 영화배우의 테스트 성과는 전적으로 유례가 없는 것이다. 이 유례가 없는 특질은 어떤 점에 있는 것인가? 그것은 테스트 성과의 사회적인 가치를 좁은 틀 속에 가두는 어떤 제약을 극복하는 점에 있다. 여기서 문제의 대상으로 삼고 있는 것은 스포츠의 성과가 아니라 기계화된 테스트의 성과이다. 운동선수는 말하자면 자연적인 테스트밖에 알지 못한다. 운동선수는 기계장치가 부여하는 과제에 의거해서가 아니라 자연이 부여하는 과제에 의거해 자신[의 힘과 기록]을 측정한다──만약 그렇지 않다면, 시계와 겨루면서 달렸다고 이야기되는 누르미[131] 같은 예외적인 경우일 것이다. 이에 비해 노동과정은 특히 컨베이어 벨트에 의해 규격화된 이후, 기계화된 테스트에 의한 검사를 날마다 무수히 초래한다. 이 검사는 남몰래 은밀하게 행해진다. 이 검사에 합격하지 못한 자는 노동과정으로부터 배제된다. 그러나 이 검사가 공공연하게 이루어지는 경우도 있는데, 가령 직업적성검사 기관에서 그러하다. 하지만 이들 두 경우에서는 방금 말한 제약이 존재해 있다.

즉 스포츠의 경우와 달리, 이들 검사라는 것은 바람직하다

• •
131. 파보 누르미Paavo Nurmi, 1897-1973는 핀란드의 육상선수로서, 1920년대에 세계에서 가장 뛰어난 중·장거리 운동선수였다. 1920년에서 1928년까지 3개의 올림픽에서 통산 9개의 금메달과 3개의 은메달을 땄으며, 지금까지도 올림픽을 통틀어 가장 메달 성적이 좋은 선수로 꼽힌다.

고 할 만큼 전시할 수 있는 무엇이 아니다. 그런데 영화가 개입하는 것은 바로 이 지점에서이다. 영화는 성과의 전시가능성 자체를 테스트해보는 과정을 거침으로써, 테스트 성과를 또한 전시 가능한 것으로 만든다. 영화배우는 말할 필요도 없이 공중 앞에 서가 아니라 기계장치 앞에서 연기한다. 영화감독이 서 있는 위치는 적성검사에서 시험감독이 서 있는 위치와 정확히 동일하다. 강력한 조명 아래에서 연기하고 동시에 마이크가 요구하는 조건들을 만족시키는 것은 테스트 과정 중 가장 우선된 절차이다. 테스트 성과를 드러낸다는 것은 기계장치를 눈앞에 둔 채로 자신의 인간성을 유지하는 것을 의미한다. 이 성과에 대한 관심은 엄청나게 크다. 왜냐하면 도시주민의 압도적 다수는 사무실이나 공장에서 하루의 노동시간이 경과하는 동안 바로 기계장치를 앞에 두고서 자신들의 인간성을 버리지 않으면 안 되기 때문이다. 바로 그 대중들이 저녁이 되면 영화관을 가득 채우는 것으로, 이는 영화배우가 자신들을 대신해 복수해주는 모습을 체험하기 위함이다. 왜냐하면 [대중들에게는] 영화배우 자신의 인간성(또는 대중에게 배우의 것으로 보이는 인간성)이 기계장치에 맞서 자신을 주장하고 있을 뿐만 아니라 기계장치를 자신의 승리를 위해 이용하고 있다고 여겨지기 때문이다.

[9절 관련]

[아스타 닐센의 눈물Die Tränen der Asta Nielsen][132]

극중 인물이 경악해하는 장면을 촬영하기 위해 실험적으로 그 인물을 맡은 배우를 실제로 깜짝 놀라게 하는 영화감독의 수완은 사실 영화에 꼭 들어맞는 방식이다. 영화촬영의 경우, 어떠한 배우도 자신이 수행하는 일련의 연기를 스스로 조망해볼 수 있도록 요구할 수 없다. [배우의] 체험과는 직접 연관이 없는 모종의 연기나 성과를 어떤──합당한 규칙이 세워져 있지 않은──상황과 함께 만들어내도록 요구하는 것은 스포츠의 테스트나 영화의 테스트 모두에게 공통적인 생리이다. 바로 이 점을 아스타 닐센[133]은 우연한 기회에 매우 인상적으로 피력했

..
132. 3판의 9절은 두 단락으로 끝나지만, 1판에서는 그 다음 서술이 이어진다. 1판에서의 이 서술은 2판과 3판에서는 삭제되었다(GS I-2, 453-454쪽).
133. 아스타 닐센Asta Nielsen, 1885-1972은 덴마크 출신의 무성영화 여배우이다. 두 번째 남편인 우르반 가드Urban Gad의 감독 하에서 「단애」(1911), 「프롤레타리아의 딸」(1912)을 통해 비극 여배우로서의 날카로운 성격연기를 선보였다. 1911년 이후 수많은 독일영화에도 출연하여 '북구의 사라 베르나르'로 칭송되면서 무성영화시대를 대표하는 북구의 스타가 되었다. 대표작으로 「햄릿」(1920), 「헤다 가블러」(1925), 「기쁨 없는 거리」(1925) 등이 있고, 유성영화시대

다. 촬영 스튜디오는 마침 휴식상태였다고 한다. 도스토옙스키의 『백치』를 원작으로 한 영화[134]가 촬영되던 중이었다. 아글라야로 분장한 아스타 닐센은 [휴식을 취하면서] 한 남자친구와 대화를 나누고 있었다. 이제 곧 주요 장면 중 하나의 촬영이 임박한 때였다. 즉 그녀[아글라야]는 [백치청년] 미쉬낀 공작이 멀리서 나스타샤 필리포브나와 함께 지나가는 것을 바라보게 되고, 어느덧 그녀의 눈에 이슬이 맺히는 장면이 촬영될 참이었다. 방금 전까지 남자친구와 즐거운 담소를 나누던 것도 딱 끊은 채였던 아스타 닐센은 갑자기 나스타샤로 분한 여배우가 스튜디오 뒤편에서 먹을거리를 입에 넣어가면서 왔다 갔다 하는 모습을 보았다. "좀 보세요, 지금 저게 연기를 하는 거라면 내가 이해할 수 있겠지요"라고 아스타 닐센은 자신의 방문객에게 말했다. 바로 그 순간 그녀의 얼굴은 표정 하나 찡그린 구석이 없었지만, 눈에는 이미 다음 장면이 지시하고 있는 대로 미쉬낀과 나스타샤를 바라볼 때의 눈물이 가득 고여 있었다.

••
    의 유일한 출연작으로 「가을의 여성」(1932)이 있다.
134. 도스토예프스키의 『백치』를 원작으로 한 이 영화는 독일 감독 칼 프뢸리히Carl Froelich에 의해 1921년 「방황하는 영혼Irrende Seele」이라는 제목으로 발표되었다.

영화배우에게 주어지는 기술적 요구사항들은 무대배우에게 주어지는 그것들과는 다르다. 영화스타들은 무대라는 견지에서 볼 때 결코 탁월한 배우들이 아니다. 오히려 2급 또는 3급인 배우들이 대부분이었으며, 그러면서도 그들에게 커다란 성공의 길을 열어준 것이 바로 영화였다. 그에 비해, 영화계에서 무대배우로 진출하고자 시도했던 최고 영화배우들은 극히 드문 편이다.──더욱이 그러한 시도는 대부분 좌절되었다 (이러한 상황은 영화의 특수한 성격과 관련되어 있는바, 배우가 기계장치 앞에서 자기 자신을 연기하는 것과는 다른 무엇을 관객 앞에 제시하는 것은 영화에서 그다지 중요하지 않다). 진정 독특한 영화배우는 오직 자기 자신만을 연기할 따름이다. 그는 어떤 것을 흉내 내거나 꾸며대는 유형과는 거리가 있다. 이러한 사정은 영화배우의 연기가 무대 위에서 활용될 수 있는 여지를 제한하지만, 그러나 영화에서는 유달리 그러한 활용의 여지를 확장시킨다. 왜냐하면 영화스타는 무엇보다도 모든 개개인들로 하여금 '영화 보러 가는' 가능성을 그들 자신으로부터 열게끔 함으로써 관객들과 소통하기 때문이다. 기계장치를 통해 자신을 복제해낼 수 있다는 관념은 현대인에게 엄청난 매력을 던져준다. 확실히 이전에도 활달한 처녀들이 배우가 되기 위해 떼 지어 몰려다니곤 했다. 그러나 영화배우가 되려는 꿈은 두 가지 점에서 그것보다 결정적으로 우위에 있다.

첫째로 그 꿈은 보다 더 실현가능한데, 그 이유는 영화배우들에 대한 수요가 (왜냐하면 여기에서는 배우 한 사람 한 사람이 오직 자기 자신만을 연기하기 때문이다) 무대배우들에 대한 수요보다 훨씬 더 크기 때문이다. 둘째로 영화배우가 되려는 꿈은 보다 대담하고 용기 있는 것으로, 이는 자신의 역량이 대량으로 확산되는 것을 바라보는 흥행이라는 저 특별한 현상을 통해 위대한 [무대]배우의 영광을 퇴색시켜버리기 때문이다.

[9절 관련]

[가상과 유희의 양극성Polarität von Schein und Spiel][135]

아름다운 가상의 의의는 이제 종말에 접어들고 있는 아우라적 지각의 시대에 기초를 두고 있다. 이 문제를 다룬 미학이론은 헤겔에 의해 가장 명확하게 파악되었다. 헤겔에게 미란 "정신이 그 직접적인 형태를 띠고서, … [즉] 정신에 의해 스스로에 합당하게끔 만들어진 감각적인 형태를 띠고서 현상한

• •
135. 이 서술은 3판 9절 마지막 문장에 대한 꽤 상세한 원주原註로서, 2판에는 실려 있으나 3판에서는 삭제되었다(GS VII-1, 368-369쪽).

것"(헤겔, 『전집Werke』 X, 2, Berlin 1837, 121쪽)이다. 하지만 이런 어법에는 이미 아류적인 듯한 데가 있다. 헤겔의 정식에 따르면 예술은 "이 조악하고 무상한 세계의 가상과 현혹"을 "현상들의 참된 내실"로부터 떼어낸다는 것(『전집』 X, 1, 13쪽)이지만, 이 정식은 미학에서 전통적으로 경험의 기반으로 알려져 온 것으로부터 이미 분리되어 있다. 이 경험의 기반이 아우라이다. 헤겔의 정식과는 달리 괴테의 창작행위는 아직 아우라적 현실로서의 아름다운 가상으로 구석구석까지 채워져 있다. 미뇽이나 오틸리에, 그리고 헬레나[136]는 모두 이 현실에 관계하고 있다. "외피나 외피로 덮인 대상이 미는 아니며, 미란 오히려 그 외피 속에 존재하는 대상을 말한다."[137]—이것이 괴테의, 그리고 고대의 예술관의 정수이다. 이 예술관이 조락해버린 지금, 그 근원으로 눈을 돌리는 것은 이중으로 당연한 일일 것이다. 이 근원은, 모든 예술 활동의 원原현상Urphänomen으로서의 미메시스[138]에 있다. 모방하는 자는 그 행위를 오로지

..
136. 미뇽은 괴테의 『빌헬름 마이스터의 수업시대』에, 오틸리에는 『친화력』에, 헬레나는 『파우스트』에 각각 등장하는 인물이다.
137. 자신이 쓴 「괴테의 『친화력』」이라는 논문에서 벤야민이 스스로 자신의 글을 재인용하고 있는 구절이다(GS I, 195쪽). 위의 대목에서 벤야민은 괴테를 논하고 있기보다는 자기 자신의 미학이론의 핵심규정을 인용하고 있다.

가상으로서 행한다. 게다가 가장 오래된 모방행위는 오로지 단 하나의 재료밖에, 즉 모방자 자신의 육체밖에 알지 못한다. 춤과 언어, 신체의 몸짓과 입술의 움직임은 모방의 가장 이른 시기의 표출이었다.── 모방하는 사람은 자신이 행하는 무엇을 가상적으로 행한다. '그는 그것을 유희하고 있다'라고 말해도 좋을 것이다. 이리하여 미메시스 속에 있는 양극성이 드러난다. 미메시스 속에는 예술의 두 측면, 즉 가상과 유희가 두 개의 떡잎처럼 서로 포개어 겹쳐진 채 잠들어 있다. 물론 이 양극성에 변증법적 사상가가 관심을 기울일 수 있는 때는 이 양극성이 역사적인 역할을 하고 있는 경우뿐이다. 그러나 실제로 그것은 어떤 역사적인 역할을 하고 있다. 더욱이 이 역할은 제1기술과 제2기술 사이의 세계사적인 대결에 의해 규정되어 있다. 즉 가상이란 제1기술이 지닌 온갖 마법적인 방법들의 가장 추상화된 그러나 그러므로 또한 가장 항상적인 도식이며, 유희는 제2기술이 지닌 온갖 실험적인 방법들의 무진장한 저

* *
138. 미메시스μίμησις, Mimesis는 그리스어로 '모방'이라는 뜻으로, 단순한 '모사'가 아니라 행위에 적용되는 의미에서의 '(재현적) 모방'을 의미했다. 그러나 후에는 미메시스가 (특히 연극, 회화, 조각 등의) 예술을 통한 실재의 재현을 의미하게 되었다. 벤야민은 이러한 전통적 해석을 받아들이지 않고, 미메시스의 원천으로서의 육체적 모방 내지 흉내 냄의 의미로 이 개념을 이해한다.

장고이다. 종래의 미학은 이러한 가상의 개념과도 또 유희의 개념과도 인연이 없다. 그리고 제의적 가치와 전시적 가치라는 개념쌍은 방금 말한 [가상과 유희라는] 개념쌍에 말하자면 고치상태로 포함되어 있는 한에서, 새로운 아무것도 말하고 있지 않다. 하지만 전자의 개념들이 역사와 관계된다면, 사정은 일거에 변한다. 역사와 관계될 때 이들 개념은 실천적인 통찰을 얻게끔 한다. 즉 가상이 쇠퇴하고 아우라가 조락하는 것과 병행하여, 거대한 유희공간이 얻어진다는 점이 통찰된다. 가장 넓은 유희공간은 영화에서 열렸다. 영화에서는 가상의 계기는 완전히 배후로 밀려나고 유희의 계기가 전면에 등장하고 있다. 사진이 제의적 가치에 맞서 획득하고 있었던 지위는 이리하여 영화에 의해 매우 확고한 것이 되었다. 영화에서 가상의 계기로부터 그 자리를 빼앗은 유희의 계기는 저 제2기술과 동맹하고 있다. 이 동맹을 최근 [스위스의 프랑스어 작가인] 라뮈[139]는 일견 메타포의 외관을 취하면서도 사태의 본질에 적중하는 말로 정식화해 보였다. 그는 이렇게 말한다. "우리는 현재 매혹적인 과정에 참여하고 있다. 지금까지는 각자 자신만의 분야에

••
139. 라뮈Charles Ferdinand Ramuz, 1878-1947는 프랑스어로 작품을 쓴 스위스의 소설가이다. 자연에 대항하는 인간을 사실적·시적·우화적으로 그려 20세기의 뛰어난 작가 중 한 사람으로 꼽힌다.

서 연구하고 있었던 다양한 학문들이 점차 대상을 같이 하게 되고, 하나로 통합되기 시작했다. 즉 화학, 물리학, 기계공학이 서로 교차하고 있다. 말하자면 맨 처음 조각들의 위치를 잡는 데 수천 년이 요구되고 있던 퍼즐이 그야말로 신속하게 해결되어가는 모습을 우리는 증인으로서 목격하고 있는 것이다. 그 퍼즐의 마지막 몇 조각들은 그 윤곽을 따라 쉽게, 마치 저절로 짜 맞춰지듯 짜 맞춰져 가는 것을 주변 사람들은 감탄하면서 바라보고 있는 경우이다." (샤를르 페르디낭 라뮈Charles Ferdinand Ramuz, 「농민, 자연Paysan, nature」, 『Mesure』 No 4, octobre 1935). 이 말 속에는, 예술에서의 유희의 계기를 강화해주는 저 제2기술의 유희적 계기가 실로 탁월하게 표현되어 있다.

[10절 관련]

[브레히트Zu Brecht][140]

모든 예술들 중 기계적 복제, 즉 표준화를 행하는 일이 가장 어려운 것이 연극이다. 따라서 대중들은 연극을 외면하게

---

140. 이 서술은 3판의 원주 20에 대한 보충을 이루는 것으로, 수고(Ms 1017)에 등장한다(GS I-3, 1042쪽).

된다. 역사적 전망에서 보자면, 브레히트의 업적 중 가장 중요한 것은 아마도 다음과 같은 점일 것이다. 즉 연극의 회생을 기하고자 그 가장 냉정하고도 겸허한 형식, 아니 그 가장 축소된 형식을 취하도록 자신의 극본을 창작해낸 점이 그것이다.

[13절 관련]

[집단적 예방접종. 미키마우스와 채플린][141]

덧붙여서 말하면, 이 두 무의식적인 것 간에는 지극히 밀접한 관계가 있다. 왜냐하면 촬영기계가 현실로부터 획득할 수 있는 다양한 모습들 대부분은 감각적 지각의 통상적 범위 바깥에 있기 때문이다. 영화가 시각의 세계에 미칠 수 있는 많은 변형이나 스테레오타이프, 변환이나 파국 등은 실제로 이상심리나 환각 또는 꿈에서 보이는 시각의 세계와 관계한다. 따라서 방금 말한 여러 카메라 기법들은, 이상심리를 가진 자나 꿈을 꾸는 자의 개인적 지각방식을 [영화의] 집단적 지각

..
141. 3판의 13절은 제1, 2단락만으로 끝나지만, 1판과 2판에서는 제1, 2단락 다음에 제3, 4단락 서술이 이어지고 있다. 즉 아래에서 보이는 제3, 4단락은 3판에 와서는 삭제되었다(GS I-2, 460-462쪽; GS VII-1, 375-378쪽 참조).

Kollektivwahrnehmung에 의해 간접 경험하게 해주는 방법이나 다를 바 없다. 고대 그리스의 헤라클레이토스가 말한 진리[142]——깨어있는 사람들은 세계를 공유하고 있지만, 잠자고 있는 사람들은 제각기 하나의 세계를 갖고 있다——에, 영화는 하나의 균열을 내어버렸다. 게다가 꿈의 세계를 그저 묘사하는 것에 의해서가 아니라 오히려 미키마우스[143]같이 세계에 통용되는 집단적 꿈Kollektivtraum의 형상들을 창출함에 의해서 말

..
142. 헤라클레이토스가 말한 진리: 헤라클레이토스Heralitus, 기원전 535-475는 고대 그리스의 소크라테스 이전 철학자로서, 지금의 터키 지역인 에페소스의 귀족가문 출신이다. 그에 따르면, 로고스Logos는 정신과 지성을 규정할 뿐만 아니라 자고 있는 상태나 깨어 있는 상태와 같은 서로 불화하는 존재 상태들 역시도 하나의 통일적 전체로 결합시킨다. 이에 대한 정확한 인용은 다음과 같다: "깨어 있는 자들은 유일하고 공통적인 하나의 세계를 갖고 있지만, 잠들어 있는 자들은 모두 이 하나의 세계로부터 각기 자신만의 세계로 몸을 돌린다."(『소크라테스 이전 철학자단편집Die Fragmente der Vorsokratiker』, 발터 크란츠Walter Kranz 편, 헤르만 딜즈Hermann Diels 옮김, Bd. 1, 취리히, 1974, 171쪽)
143. 미키마우스Micky-Maus: 미국의 애니메이션, 영화감독이자 제작자인 월트 디즈니Walt Disney, 1901-1966는 자신의 동료 업Ub Iwerk, 1901-1971과 공동 작업으로 1928년 '미키마우스'라는 애니메이션 캐릭터를 고안해냈다. 이 미키마우스 캐릭터는 디즈니 스튜디오의 최초의 유성 애니메이션 영화「증기선 윌리」에 의해 유명해졌다.

이다.

기술이 발전한 결과로서 얼마나 위험한 심리적 긴장들—이 긴장들은 위기적 단계에 이르면 이상심리의 성격을 띠게 된다—이 대중 속에 생겨났는지를 잘 고찰해본다면, 사람들은 다음과 같은 인식에 도달할 것이다. 즉 바로 이 기술적 진전이 대중의 그러한 이상심리에 맞선 심리적 예방접종의 효과를 낳고 있다는 점이다. 이런 효과를 가져 오는 것은 다름 아닌 특정 영화들이다. 이들 영화에서 사디즘적인 환상이나 마조히즘적인 망상을 일부러 강조하고 드러내 보이는 것은 [도리어] 대중 속에서 그러한 환상이나 망상이 위험으로까지 치닫는 자연스런 현상을 미연에 방지해줄 수 있다. 그러한 대중 이상심리에 대한 예방적이고 치유적인 폭발 [현상]을 보여주는 것이 집단적인 큰 웃음이다. 영화에서는 그로테스크한 사건들이 막대한 양으로 소비되고 있거니와, 이러한 현상은 오늘날 인류가 문명에 수반되는 심리적 억압들에 심대하게 위협받고 있는 상황임을 나타내는 뚜렷한 징후이다. 미국의 그로테스크 영화나 디즈니 영화는 무의식적인 것을 폭파시키는 치료적 효과를 가지고 있다.[144] 서커스 등에서의 어릿광대는

144. [원주] 하지만 이들 영화를 전면적으로 분석한다면, 이 영화들이 또한 상반된 의미를 가지고 있다는 점도 언급하지 않을 수 없다.

이러한 영화의 선구자였다. 영화가 성립시킨 새로운 유희공간 속에 최초로 거주한 것도 어릿광대로서, 말하자면 그는 신축건물 벽이 마르기까지의 일시거주자의 역할을 맡았던 셈이다. 이런 의미에서 채플린은 역사적인 인물로서의 위치를 점하고 있다.

∙∙
즉 그 분석은 코믹하기도 하면서 동시에 무섭기도 한 사태가 갖는 상반된 의미로부터 시작되어야 할 것이다. 코믹함과 무서움이란, 어린아이들의 반응에서 이해되듯이, 서로 나란히 놓여 있다. 그리고 어떤 사태를 마주하면서, 이 경우에는 과연 어느 반응 쪽이 더 인간적인 반응일까라고 묻는 것은 극히 자연스러운 일일 것이다. 최근의 몇몇 미키마우스 영화들이 나타내는 사태는 그렇게 묻는 것을 정당한 것으로 여기게끔 한다(그 영화들이 사용하는 암울한 화염의 마법은─그 기술적 전제는 컬러영화에 의해 야기되었다─지금까지는 은밀하게만 발휘되고 있었던 어떤 경향을 강조하는 것으로, 파시즘이 이 분야에서도 '혁명적인' 혁신을 얼마나 쉽게 탈취하고 있는가를 보여준다). 최근의 디즈니 영화에서 명확해지는 경향은 실제로는 종래의 많은 영화들에서 이미 그 기초가 마련되어 있었던 것으로, 즉 잔인함이나 폭력행위를 마치 인간존재의 부수현상인 것인 양 호기롭게 묵인해버리는 경향이 그것이다. 이리하여 아주 오래되었으나 결코 신뢰할 수 없는 하나의 전통이 받아들여지고 있는 셈이다. 이 전통의 선두에 서 있는 것이, 박해를 묘사한 중세의 회화들에서 보이는 저 춤추는 불량배들Hooligans이다. 그리고 이 전통의 맨 뒤를 이루고 있는 것이, 비록 더 이상 확실히 그런 것으로는 보이지 않는 빛바랜 존재이지만, 그림형제Grimm의 동화 속 '악당들'이다.

[15절 관련]

[정신 분산과 광고 이미지Zerstreuung und Reklamebild][145]

대중은 하나의 모체이다. 예술작품에 대한 종래의 온갖 태도는 바로 이 모체로부터 오늘날 다시 태어나고 있다. 양이 질로 전화轉化한 것이다. 즉 예술에 참여하는 대중의 규모가 대폭 방대해짐에 따라 그 참여의 방식도 바뀌었다. 이 [새로운] 참여방식을 두고서 우선은 평판이 나쁜 것처럼 보인다는 사실이 [우리의] 관찰을 호도해서는 안 된다. 예술에 소원한 대중들은 [오늘날] 예술작품에서 기분전환Zerstreuung을 추구하는 반면, 예술애호가들은 수집과 소장Sammlung이라는 견지에서 예술작품에 접근하고 있다고들 한다. 대중에게는 예술작품이 기분전환의 대상이고, 예술애호가에게는 몰두와 집중Andacht의 대상이라는 것이다. 이제 여기에서 좀 더 면밀하게 살펴볼 필요가 있다. [정신의] 분산Zerstreuung과 집중Sammlung은 다음과 같은 정식화를 허용하는 하나의 대립 속에 놓여 있다. 즉 예술작품 앞에서 주의를 집중하는 자는 그 작품 속에 탐닉한다. 그는 마치 자신이 완성한 그림을 보다가 그 안으로 빨려 들어

---

145. 이 서술은 3판 15절 첫 단락과 비교될 수 있는 것으로, 1판 18절의 초고에 해당한다(GS I-3, 1043-1044쪽; cf. GS I-2, 464-466쪽).

갔다고 하는 중국의 전설 속 어느 화가처럼, 바로 그렇게 작품 속으로 들어간다. 이에 반해 [정신의] 분산을 느끼는 대중은 예술작품을 자신들 속에 잠기게 한다. 그들은 예술작품을 자신들의 파고 속에 휘감아 들이며, 자신들의 물결로 에워싼다. 이러한 양상이 가장 두드러진 것은 건축물일 것이다. 건축은 예로부터 인간 집단에 의해 분산적인 방식으로 수용되어온 예술작품의 전형이었다. 건축의 영향력을 생생하게 떠올려내는 일은 대중과 예술작품의 관계를 그 역사적 기능에 비추어 인식하려는 모든 시도에 있어 결정적인 중요성을 갖는다. 회화는 어떤 한 사람 또는 극히 소수의 몇몇 사람들이 관조의 방식으로 관찰하는 것이라는 탁월한 요구를 늘 가져왔다. 19세기에 시작된 바와 같은, 대규모 관객에 의한 회화의 동시적 관람은 회화에 나타난 위기의 초기 징후이다. 회화에서의 이 위기가 발생되었던 것은 결코 사진에 의해서만이 아니라 오히려 이와는 비교적 독립적으로 예술작품에 대한 대중들의 요구에 의한 것이다.

건축과 밀접하게 연관되어 있고 또 건축에 의거해 향상되어온 예술형식들은 언제나 특별한 중요성을 띤 것이었다. 오늘날 우리의 건축물들의 사정은 어떠한가? 대도시에서 흔히 간파될 수 있듯이, 현대의 건축물들은 광고의 담당자들이 되었다. 거의 모든 영역에서 각양각색의 강조를 통해 눈길을 끌고 있는 [정신]분산적 수용 가운데에는, 광고에 있어 가장 중요한 중재요인들 중 하나가 들어 있다. 광고도안으로부터 신문광고를 거쳐 방송광고에 이르기까지, 사람들은 예술의 중요한 요소들과 자본의 의도 간의 융합을 추적할 수 있다. 그 경우 문제가 되는 것은 결코 단순한 붕괴과정이 아니라는 사실은 앞서 말한 점에 의해 저절로 이해된다. [정신]분산된 개개인들로서의 대중에게 호소하고 있는 광고에서는, 예술이 하나의 선례를 향한 상업적인 검토를 수행한다. 그 경우 그 선례를 좇아 예술은 프롤레타리아트 혁명과 더불어 인간의 혁명을 이루어낼 것이다. 그것은 바로 대중들에 의한 예술 수용이라는 선례이다. 이 점이 뜻하는 바는, 광고와 예술 간의 원칙적 경계들을 고정하려고 하는 것은 무익한 일이라는 점이다. 이에 비해 훨씬 유익한 것은, 예술생산의 극단적인 형식들, 가령 예배 이미지와 광고 이미지를 서로 대면시키고 서로 영향을 갖게끔 하는 일이다. 그리하여 예술작품 앞에서 주의를 집중하는 자의 태도는 언제나 종교적 태도로 귀환되지 않을 수 없는 데 반해, [정신이] 분산된 대중의 태도, 즉 자기 자신으로부터 예술작품을 작용케 하는 대중의 태도는 언제나 그 정치적 태도에 의해 인간 자신에게 어울리는 모습을 기대할 수 있게끔 하는 것이다. 세계사적인 상황 변화 속에서 양 극단들이 서로 접촉한다는 이 같은 확언으로 우선은 논의를 끝내지 않을 수 없다. 과거

언젠가 예배 이미지 앞에서 그러했듯이, 광고물 앞에서는 더 이상 예술애호가도 또 편협한 무취미자도 존재하지 않는다.

C. 네 판본 간의 본문 및 원주原註 대조

1판 (Bd.1, 431-469)	2판 (Bd.7, 350-384)	불어판 (Bd.1, 709-739)	3판 [=본서] (Bd.1, 471-508)
모토: 뒤라스	모토: 뒤라스	-	모토: 발레리
차례	-	-	-
<1>	I	-	머리말
<2>	II	I	I 원주 1
<3> (2판 원주 1 = 불어판 원주 1 = 3판 원주 5 내용이 여기에서는 본문 속에 들어 있음)	III 원주 1	II 원주 1	II 원주 2, 3, 4, 5
<4>	IV	III	III 원주 6
<5> (제2단락 = 2판 원주 2 = 불어판 원주 2 = 3판 원주 9)	V 원주 2	IV 원주 2	IV 원주 7, 8, 9

1판 (Bd.1, 431-469)	2판 (Bd.7, 350-384)	불어판 (Bd.1, 709-739)	3판 [=본서] (Bd.1, 471-508)
<6>	VI 원주 3 (=3판 원주 10). 원주 4 (= 불어판 원주 3)	V (= 2판 IV, 제1-2 단락) VI (= 2판 VI, 제3-4 단락). 원주 3	V 원주 10, 11, 12
<7>	VII	VII	VI
<8>	VIII	VIII	-
<9> (2판 원주 5, 6, 7 = 불어판 원주 4, 5, 7 = 3판 원주 13, 14, 16 내용이 여기에서는 본문 속에 들어 있음)	IX 원주 5, 6, 7	IX 원주 4, 5, 6, 7	VII 원주 13, 14, 15, 16
<10>	X	X	VIII 원주 17
<11> (제2단락 = 2판 XII) (2판에서의 원주 8, 9[출전만] = 불어판 원주 8, 9[출전만])	XI 원주 8, 9, 10	XI 원주 8, 9	IX 원주 18, 19

1판 (Bd.1, 431-469)	2판 (Bd.7, 350-384)	불어판 (Bd.1, 709-739)	3판 [=본서] (Bd.1, 471-508)
(= 3판 원주 18, 19가 여기에서는 본문 속에 들어 있음)			
<12> (= 2판 원주 11)	XII (= <11>의 제2단락). 원주 11 (= 3판 원주 20). 원주 12	XII	X (제1단락 = 2판 XII). (제2-3단락 = 2판 XIII). 원주 20, 21
<13> (제3단락 = 2판 원주 15)	XIII (= <13>의 제1, 2단락)	XIII	
<14>	XIV	XIV	XI 원주 22
<15>	XV	XV	XII 원주 23
<16>	XVI 원주 13 (= 불어판 원주 10과 3판 원주 25). 원주 14 (= 불어판 원주 11)	XVI 원주 10, 11	XIII 원주 24, 25

1판 (Bd.1, 431-469)	2판 (Bd.7, 350-384)	불어판 (Bd.1, 709-739)	3판 [=본서] (Bd.1, 471-508)
<17> (제4단락 = 2판 원주 16)	XVII 원주 15 (= <13>의 제3단락과 3판의 원주 26). 원주 16	XVII 원주 12 (= 3판의 원주 27). 원주 13 (= 3판의 원주 28). 원주 14 (= 3판의 원주 29)	XIV 원주 26, 27, 28, 29, 30
<18>	XVIII	XVIII 원주 15 (= 3판의 원주 31)	XV 원주 31
<19> (제1단락, 중간 부분 = 2판 원주 17, 불어판 원주 16 및 3판 원주 32). (2판 원주 18 = 3판 원주 33이 여기에서는 본문 속에 들어 있음)	XIX 원주 17, 18	XIX 원주 16 (2판의 원주 18 = 3판의 원주 33이 여기에서는 본문 속에 들어 있음)	추기追記 원주 32, 33

옮긴이 후기

「기술적 복제시대의 예술작품」이라는 글이 맨 처음 탄생된 것은 1935년 9월과 10월 몇 주간이었다.[1] 당시 파리에 망명 중이던 발터 벤야민1892-1940은 이 독일어 초고를 다시 두 번에 걸쳐 정교하게 다듬고 또 프랑스어로 번역한 뒤 1936년 『사회연구지』에 실었다.[2] 그 후 그는 이 글을 독일어본으로도 발표하기 위해 세 번째 개고를 하였으나, 출판의 시도는 끝내 좌절

• •
1. 이때 작성된 초고는 최근까지 미발표 상태였다가 2008년부터 간행되기 시작한 『발터 벤야민: 저작과 유고. 비평 전집판Walter Benjamin: Werke und Nachlaß. Kritische Gesamtausgabe』(총 21권) 가운데 Bd. 16. Das Kunstwerk im Zeitalter seiner technischen Reproduzierbarkeit (2013) 의 7-51쪽에 수록되었다.
2. 당시 『사회연구지Zeitschrift für Sozialforschung』에 실린 불어본 제목은 다음과 같다: WALTER BENJAMIN, L'oeuvre d'art à l'époque de sa reproduction mécanisée. 『사회연구지』는 1932년 막스 호르크하이머의 지도 하에 '프랑크푸르트 사회연구소'가 만든 정기간행물로서, 1932년 창간호가 독일에서 출간된 뒤, 나치에 의해 연구소가 폐쇄됨에 따라 이후 1933-1938년 동안은 파리에서, 그리고 1939-1941년 동안은 뉴욕에서 간행되었다(제호는 'Studies in Philosophy and Social Science'로 바뀜).

되었다. 따라서 1940년 그의 생존 때까지 독일어 텍스트는 세상에 발표되지 못하고 유고들로 남게 되었다. 수고手稿와 타이핑 문서 형태로 보존되어 있던 그의 이 유고들 중 마지막 원고는 1963년에 비로소 독일 주어캄프 출판사에 의해 처음 출간되었고, 이는 돌연 벤야민의 논저 중 가장 커다란 반향과 영향력을 얻게 되었다. 또한 벤야민의 『전집Gesammelte Schriften』('GS'로 줄임)이 1974년부터 1989년에 걸쳐 간행됨으로써, 그가 고쳐 쓴 앞서 두 차례의 독일어 원고들 또한 최초로 빛을 보게 되었다. 그리하여 모두 세 차례 개고된 이들 원고는 그의 『전집』 내에 각각 다음과 같이 실려 있다.

1판Erste Fassung: 『전집』, Bd. I-2 (1974), 431-469쪽.
2판Zweite Fassung: 『전집』, Bd. VII-1 (1989), 350-384쪽.
3판Dritte Fassung: 『전집』, Bd. I-2 (1974), 471-508쪽.

집필 시기로 보자면, 1판은 1935년 가을부터 12월 사이, 2판은 1935년 말경부터 1936년 2월 초 사이, 3판은 1936년 봄 무렵부터 1939년 3-4월 사이에 작성되었다. 벤야민 생전에 유일하게 발표된 프랑스어 판본은 1936년 1월경부터 4월 사이에 피에르 클로소프스키Pierre Klossowski의 번역에 의해 발표 원고가 준비되고 있었으므로, 시기상 2판과 3판 사이에 위치한다(이 프랑스어 판본은 『전집』, Bd. I-2, 709-739쪽에 수록되어 있다). 프랑스어 판본을 포함한 이들 총 4가지 판본 가운데 본서는 시기상 맨 나중의 것인 '3판'(1939년판)을 우리말로 번역한 것이다.

* * *

이 3판을 이번에 전면 새롭게 번역하게 된 데에는 크게 두 가지 동기가 작용했다. 우선 첫째로, 기존 우리말 번역본들 곳곳에서 불명료한 표현과 비문, 오역된 문장들이 적지 않게 눈에 띄었기 때문이다. 거듭 읽어도 계속 그 뜻을 알 듯 말 듯한 것은 독자의 이해력 부족 탓도 또 벤야민의 비의적 문체 탓도 아니다. 한 문장씩 읽어나갈 때 그 의미가 명료하게 이해될 수 있도록, 본서는 원문에 충실하면서도 최대한 정확한 번역을 기하고자 했다.

둘째로, 벤야민의 텍스트 중 3판(1939년판)을 정본으로 삼되, 최소한 1, 2판과의 내용적 변화추이를 좀 더 반영하고 싶었다. 이를 위해 본서에서는 본문 바로 뒤에 「부록」을 마련해 다음과 같은 '판별 내용대조'가 가능하도록 했다:

A. (1, 2판과 비교해) 3판에 와서 추가·변경된 구절,

B. (3판에 와서 전면 삭제 또는 개고되었으나) 1, 2판에는 실려

있는 내용,

  C. 네 판본 간의 본문 및 원주 대조.

* * *

  본서의 번역작업에는 누구보다도 도서출판 b의 존경하는 조기조 대표, 편집부 백은주, 김장미, 유서현 선생님, 그리고 이신철, 이성민, 정지은, 조영일, 이충훈 기획위원들의 독려와 관심이 큰 힘이 되었다. 특히 수년 전 벤야민의 『독일낭만주의의 예술비평 개념』을 번역 출간한 이후, 곳곳에서 세미나 자료로 이 책이 사용되고 있다는 소식과, 이제 『기술적 복제시대의 예술작품』도 새로이 번역을 시도해야 한다는 조영일 선생님의 강력한 조언은 이번 번역 착수의 직접적 계기가 되었다. 아울러 이 번역텍스트를 세미나 시간에 함께 검토하고 이런저런 도움말을 준 서울대 학부 및 대학원생, 홍익대 대학원생 여러분들께도 감사의 인사를 전한다.

심철민

찾아보기

(ㄱ)

가능성 17
가상 47, 60, 130, 132, 133
　아름다운 — 60, 130, 131
강스, A. 25, 48, 50
건축 74, 92, 140
경제공황 37
고속촬영 80, 81
공산주의 101
과학 79
관객 52, 54, 56, 61, 74, 88, 140
관념론 미학 38
관조 46, 85, 88, 93, 94, 140
관조적 침잠 85
광고 141
괴테 24, 131
교향곡 42

교회 39
그로테스크 영화 76
그리메, H. 40
그리스인 13, 32, 93, 120, 121, 122
그림Grimm 형제 138
기계장치 52, 54, 55, 56, 61, 62, 69, 77, 90, 118, 119, 126
기분전환 91, 139
기술 70, 98, 100, 137

(ㄴ)

노동과정 125
누르미, P. 125
눈 17, 21, 97
닐센, A. 127, 128

(ㄷ)

다다이스트 83, 85, 87
다다이즘 84, 85, 87, 89
단눈치오 114
대도시 교통 89
대물렌즈 80, 123
대성당 22, 41
대중 30, 32, 37, 61, 65, 67, 68, 73, 74, 75, 83, 85, 90, 95, 96, 97, 126, 137, 139
대중운동 25, 98
도스토옙스키 128
독자 64, 65
독자투고란 65
독재자 62
동시녹음 37
뒤르탱, L. 72
뒤아멜, G. 88, 91
드 뒤라스 부인 106
드랭, A. 86

(ㄹ)

라디오 67
라뮈, Ch. F. 133, 134
라인하르트, M. 51
라파엘 40
레오나르도 다빈치 75, 79
렘브란트 25, 30
로마 후기 27, 28
르네상스 34, 93
르네상스 회화 79
리글, A. 27
릴케, R. M. 86

(ㅁ)

마력 63
마리네티, F. T. 98, 100
마법 41
말라르메, S. 35
맑스, K. 9
매체 26
맥베스 56
모상 22, 30, 56
모자이크화 42
모작 행위 13
모체 139
모태 90

몽타주 60, 69, 89, 121, 123
무대배우 52, 129, 130
무성영화 49, 55
무의식(적) 81, 82
문학 15, 35, 85
미 131
미래주의(자) 99
미래파 90, 99
미메시스 131
미사곡 42
미의 예배 33
미키마우스 105, 135, 136, 138
미학 48, 133
    전쟁의 ― 100
『미학강의』 39
민족대이동 27
민주주의 61

(ㅂ)

발레리, P. 7, 18, 79
배우 17, 58, 61, 68
『백치』 128
베누스 상 32
베르토프 64

베르펠, F. 51
베토벤 25
변증법 10
복제 31, 36, 86, 123
  ―가능성 36
  ―기술 15, 24, 61, 96
  ―생산 96
  기술적 ― 13, 18, 19, 21, 22, 43, 57, 121
  기술적 ―가능성 15, 21, 35, 36, 66, 73, 105
  기술적 ―가능성 시대 47
  수공적인 ― 21
부정신학 35
브레히트 43, 44, 53, 134
브르통, A. 82
비극 92
비엔나 창세기 27
비엔나학파 27
비크호프, F. 28
비판적 태도 73, 74

(ㅅ)

사진 16, 21, 34, 36, 43, 44, 46,

47, 79, 82
   초상— 45
사회주의 34
相像 30, 34, 41, 84, 97, 117
   예배— 33
상부구조 10
상품 62
서사시 74
석판인쇄 15
설명글 46
세계사적 15, 47, 141
세브랭-마르스 48, 50
세속화 34, 66
셰익스피어 25
소련 65
소리 18
소유관계 96, 97, 98
손 17
쇼크효과 89, 95
수용자 24
수집가 34
순수 예술 35
슈트람, A. 86
스타숭배 63
스튜디오 60
스포츠(대회) 96, 125

슬로모션 80
습관 93
시각적 93
시각적 수용 93
시민계급 87
시스티나의 성모 40
시장 62, 82
시점視點 69, 73
시험관 53, 95
신문 65
신비 11
실천 38, 67

(ㅇ)

아르누, P. A. 49
아르프, H. 86
아른하임, R. 57
아름다움 45
아우라 24, 31, 33, 45, 56, 85, 100, 107, 133
   —의 붕괴 28, 30
   —의 위축 62
   —적 존재방식 33
   —적 지각 130

예술작품의 — 24
  인격의 — 56
  자연적 대상들의 — 29
안젤리코, F. 50
앗제, J. E. A. 45
얼굴 45
에디슨 83
역사 26
『역사철학 강의』 39
영도자 숭배 97
영상언어 48
영원성의 가치 121, 122
영화 22, 25, 37, 44, 46, 48, 49, 51, 57, 64, 67, 69, 70, 73, 74, 76, 78, 79, 85, 87, 88, 89, 91, 95, 118, 121, 133, 135
  —산업 68
  그로테스크 — 76, 137
  디즈니 — 137, 138
  역사— 25
  유성— 18, 37
영화배우 52, 53, 55, 59, 62, 123, 124, 126, 129
영화이론 48
영화자본 37, 62
영화촬영 69

예방접종 137
예술 7, 10, 38, 47, 79, 82, 95, 131, 141
  —이데올로기 115
  —적 기능 43
  —형식 84, 92
  건축— 93
  로마 후기의 — 27
예술을 위한 예술 34, 101
예술의 신학 34
예술의 정치화 101
예술작품 13, 19, 22, 33, 35, 36, 38, 39, 43, 57, 73, 85, 87, 92, 95, 120, 123, 140
예술정책 12
예술형식 89
예측적 가치 9
오락 91
외과의사 71
원原현상 131
위기 34, 74, 84
유명인 62
유물론적 59
유성영화 18, 37, 55, 68
유희 55, 118, 130, 132, 134
유희공간 80, 119, 133, 138

음반 22
음악 75
이미지 17, 72, 141
이집트인 48
인간 집합체 26
인쇄 14
   목판— 14
   석판— 15, 16
   활판— 16
『일상생활의 정신병리학』 77

〈ㅈ〉

자본주의(적) 9, 68
자연 81, 125
자연 제어 118
자율성 47
적성심리학 77
전시가능성 41, 42, 43
전시적 가치 38, 43, 44, 133
전쟁 96, 98, 99, 100, 101
   제국주의 — 100
전통 24, 32
정신 분산 87, 88, 92, 94, 95, 139, 140

정신 집중 86, 91, 95, 139
정신분석학 77, 81
정치 38, 98
   —적 의의 46
정치생활의 미화 97
정치의 미화 97, 101
제1기술 117, 118, 119, 132
제2기술 117, 118, 119, 120, 132, 134
제의 32, 33, 36, 38, 41, 117
   —적 가치 33, 34, 38, 41, 43, 44, 53, 95, 133
   —적 기능 33
   종교적 — 33
   주술적 — 33
종합기술교육 65
주간뉴스영화 31, 64, 96
주술 43, 117
주술사 71
지각 26, 27, 31, 94, 101, 135
   —양식 26, 28
지금-여기 19, 22, 56
진본성 20, 23, 34, 38
진위 감정 34
집단적 수용 74
징후적 24

(ㅊ)

창조성 11
채플린 50, 73, 83, 122, 135, 138
천재성 11
촉각적 93, 94
촉각적 성질 87, 88
촉각적 수용 93, 94
촬영감독 53
촬영기사 17, 71
촬영장치 76
축음기 67
침잠 86, 92

(ㅋ)

카메라맨 52, 72, 124
카이저 파노라마 83, 84
카타르시스적 25
큐비즘 90
클로소프스키, P. 148
클로즈업 80

(ㅌ)

테스트 53, 125, 126, 127
 시각적 ― 52
테스트 성과 54, 122, 124, 126
통각 78
통계 31

(ㅍ)

「파리의 여성」 49
파시스트적 11
파시즘 12, 37, 96, 97, 98, 100, 101, 138
『파우스트』 23
패널화 42, 93
평등성 31
푸도프킨 59
푸른 꽃 70
푸리에, Ch. 120
프레스코화 42
프로이트 77
프롤레타리아(트) 9, 10, 96, 141
프롤레타리아화 96

피란델로, L. 54, 55, 57, 61, 62
피카소 73
필름 편집(자) 52, 69

〈ㅎ〉

하부구조 10
향수적 태도 73, 74
헉슬리, A. 66
헤겔 39, 130, 131
헤라클레이토스 136
혁명(적) 12, 34, 63, 79, 119, 120, 138, 141
호메로스 101
화가 71
화보신문 17, 46
환영적 69
「황금광 시대」 49
회화 46, 71, 73, 74, 75, 85, 88, 140
　—의 위기 74
　르네상스 — 79
　초현실주의 — 76
히틀러 114

ⓒ 도서출판 b, 2017

기술적 복제시대의 예술작품

초판 1쇄 발행 2017년 04월 05일
   8쇄 발행 2025년 08월 12일

지은이 발터 벤야민
옮긴이 심철민
펴낸이 조기조

펴낸곳 도서출판 b
등 록 2003년 2월 24일 제2023-000100호
주 소 서울시 금천구 가산디지털2로 169-23 가산모비우스타워 1501-2호
전 화 02-6293-7070(대) 팩시밀리 02-6293-8080
이메일 bbooks@naver.com 홈페이지 b-book.co.kr

ISBN 979-11-87036-20-3   93160

값_10,000원

* 잘못된 책은 구입한 곳에서 교환해 드립니다.